第16回

京都検定　問題と解説

1級・2級・3級>>全263問

CONTENTS

本書の内容と表記について

- 漢字表記や送り仮名については「記者ハンドブック新聞用字用語集第13版」（共同通信社発行）および「京都新聞社校閲基準」に準拠しています。
- 人名、地名など固有名詞については、一般的に通用している名称や読み仮名を採用しています。
- 出典によって固有名詞の読み仮名が異なる場合は、可能な限り（　）内に併記しています。
- 人物の後に記載している年代は基本的に生没年を示しています。
- 設問の選択肢で解説の必要がないものは省略しています。
- 社寺、施設などの解説や読み仮名については、可能な限り当該団体の説明に基づいています。
- 試験問題の表記については、原則として原文の通り掲載しています。

試験概要

第17回京都検定

要旨

京都・観光文化検定試験（通称：京都検定）は、京都の文化、歴史の継承と観光の振興、人材育成に寄与することを目的として実施される「京都学」の検定試験です。

主催：京都商工会議所
後援：国土交通省近畿運輸局・京都府・京都市・京都府教育委員会・京都市教育委員会・（公財）大学コンソーシアム京都
協力：文化庁 地域文化創生本部

実施予定日｜令和２年12月13日（日）

受験資格｜学歴・年齢・性別・国籍等の制限はありません。
※但し、受験票等の郵便物を日本国内で受け取ることができ、京都商工会議所が指定する試験会場で受験可能な方
※１級受験は２級合格者に限ります

出題範囲｜歴史、史跡、神社、寺院、建築、庭園、美術、伝統工芸、伝統文化、花街、祭と行事、京料理、京菓子、ならわし、ことばと伝説、地名、自然、観光 等、京都に関すること全般

程度（京都の歴史・文化などについて）｜
３級 基本的な知識レベル　70％以上の正解をもって合格
２級 やや高度な知識レベル　70％以上の正解をもって合格
１級 高度な知識レベル　80％以上の正解をもって合格
（１級試験の70％以上80％未満の正解をもって準１級に認定）

受験料（税込）３級と２級は併願可｜
３級　3,850円
２級　4,950円
１級　7,700円

試験会場｜京都市内および東京都内

お問い合わせ｜京都商工会議所　会員部 検定事業課
TEL：075-341-9765（９：00～17：00　土日祝休）
〒600-8565 京都市下京区四条通室町東入 京都経済センター
E-mail：kyotokentei@kyo.or.jp
URL　：https://www.kyotokentei.ne.jp/

試験実施結果

第16回京都検定

第16回京都・観光文化検定試験（通称：京都検定）は令和元年12月８日に実施され、下記の結果となりました。
合格基準は、2・3級は70%以上、1級は80%以上の正解率です。
1級内の(　)の値は、準1級認定の数値です。

受験級	受験申込数	受験者数	合格者数	合格率	最高点	平均点／満点
1級(準1級)	1,058	975	30(94)	3.1%(9.6%)	140	65.2／150
2級	2,772	2,521	820	32.5%	96	62.4／100
3級	4,401	3,965	2,705	68.2%	100	75.5／100
合計	8,231	7,461	3,649	—	—	—

※申込者の90.6%が受験

男女比率（受験者数）

男性 57.4%（4,727名）　女性 42.6%（3,504名）

年代別合格率（受験者数・合格者数）

年代	1級（準1級） 受験者数	1級（準1級） 合格者数	1級（準1級） 合格率	2級 受験者数	2級 合格者数	2級 合格率	3級 受験者数	3級 合格者数	3級 合格率
～19	0	0(0)	—	34	4	11.8%	768	148	19.3%
20～29	18	0(2)	0.0%(11.1%)	279	49	17.6%	744	447	60.1%
30～39	55	2(5)	3.6%(9.1%)	281	77	27.4%	499	361	72.3%
40～49	114	2(6)	1.8%(5.3%)	486	116	23.9%	660	556	84.2%
50～59	234	5(20)	2.1%(8.5%)	712	271	38.1%	741	672	90.7%
60～69	358	13(36)	3.6%(10.1%)	511	206	40.3%	398	372	93.5%
70～79	180	8(23)	4.4%(12.8%)	200	91	45.5%	142	137	96.5%
80～	16	0(2)	0.0%(12.5%)	18	6	33.3%	13	12	92.3%

※最年長合格者…86歳（3級）
最年少合格者…12歳（3級）

申込者（都道府県別・地方別）

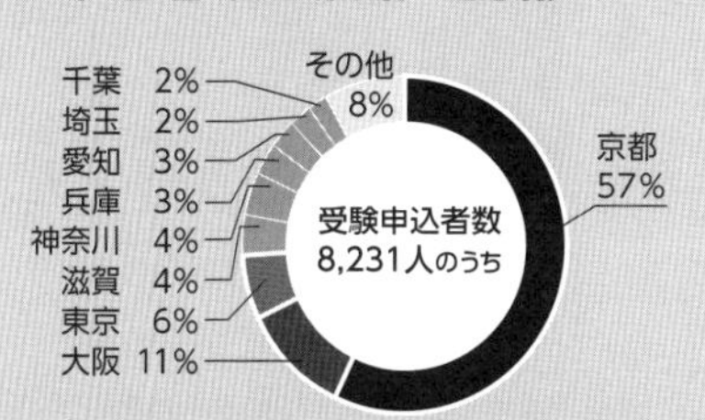

地方	人数	地方	人数
近畿	6,318	北陸	46
関東	1,254	東北	36
中部	414	四国	26
中国	66	北海道	20
九州	49	沖縄	2

■職業別合格率（受験者数・合格者数）

1級（準1級）

	大学生・短大生・専門学校生	ホテル・旅館	旅行会社・ガイド	教育・情報サービス	サービス業その他	小売業	卸売業	建設業・不動産	製造業	運輸・通信業	飲食業	金融・保険業	電気・ガス・水道業	公務員	その他	主婦・無職	無回答
受験者数	5	27	41	42	63	24	10	27	55	59	8	43	3	71	148	345	4
合格者数	0 (1)	0 (1)	2 (3)	0 (3)	2 (8)	0 (2)	0 (1)	1 (2)	2 (8)	0 (1)	0 (0)	0 (5)	0 (0)	2 (7)	6 (10)	15 (41)	0 (1)
合格率(%)	0.0 (20.0)	0.0 (3.7)	4.9 (7.3)	0.0 (7.1)	3.2 (12.7)	0.0 (8.3)	0.0 (10.0)	3.7 (7.4)	3.6 (14.5)	0.0 (1.7)	0.0 (0.0)	0.0 (11.6)	0.0 (0.0)	2.8 (9.9)	4.1 (6.8)	4.3 (11.9)	0.0 (25.0)

2級

	高校生・中学生・小学生	大学生・短大生・専門学校生	ホテル・旅館	旅行会社・ガイド	教育・情報サービス	サービス業その他	小売業	卸売業	建設業・不動産	製造業	運輸・通信業	飲食業	金融・保険業	電気・ガス・水道業	公務員	その他	主婦・無職	無回答
受験者数	17	96	138	144	114	154	179	38	80	192	181	30	161	24	175	319	476	3
合格者数	1	20	24	44	32	53	60	10	22	55	33	9	36	7	67	122	224	1
合格率(%)	5.9	20.8	17.4	30.6	28.1	34.4	33.5	26.3	27.5	28.6	18.2	30.0	22.4	29.2	38.3	38.2	47.1	33.3

3級

	高校生・中学生・小学生	大学生・短大生・専門学校生	ホテル・旅館	旅行会社・ガイド	教育・情報サービス	サービス業その他	小売業	卸売業	建設業・不動産	製造業	運輸・通信業	飲食業	金融・保険業	電気・ガス・水道業	公務員	その他	主婦・無職	無回答
受験者数	698	200	301	154	108	270	226	41	87	212	210	83	389	37	195	290	450	14
合格者数	112	131	201	90	96	217	169	35	71	180	165	37	306	30	181	249	426	9
合格率(%)	16.0	65.5	66.8	58.4	88.9	80.4	74.8	85.4	81.6	84.9	78.6	44.6	78.7	81.1	92.8	85.9	94.7	64.3

3級

問題と解答・解説
100問

1 歴史・史跡に関する記述について、最も適当なものを**ア**～**エ**から選びなさい。（1）～（10）

問 1

平安京は四神相応の地に造られたとされる。四神とは「北に玄武、南に朱雀、東に青竜、西に白虎」といわれているが、この北の玄武はどの山にあたるとされているか。

ア 稲荷山　　**イ** 船岡山

ウ 男山　　**エ** 小塩山

平安京の地勢を四神にあてはめると、北の玄武は**船岡山**（ふなおかやま）、東の青龍は鴨川、南の朱雀は巨椋池、西の白虎は山陰道といわれている。船岡山は、北区にある丘陵で、標高112メートル。平安京の北で紫野の西にあり、『枕草子』にも「岡は船岡」（丘とも）と景勝地の筆頭に挙げられている。山頂は平安京の南北中心線（朱雀大路）の延長上にあり、造都の基点とされたと考えられている。山麓の紫竹雲林町には玄武神社が鎮座する。

四神は、天の四方の星宿。また、その方角をつかさどる神で、玄武は黒色の亀に蛇が巻き付いた霊獣、青龍は青い竜、朱雀は朱色の聖鳥、白虎は白い虎である＝イラスト＝。四神相応とは、地相からみて、天の四神に応じた最良の土地柄をいう。

稲荷山（いなりやま）は、伏見区にある東山三十六峰の南端の山。伏見稲荷大社はこの山の西麓に鎮座する。**男山**（おとこやま）は、八幡市淀川東岸にある山。山頂は鳩峯と呼ばれ、石清水八幡宮が鎮座する。**小塩山**（おしおやま）は、西京区大原野にある山。山城国の歌枕の一つである。

1 解答
イ 船岡山

1 歴史・史跡に関する記述について、最も適当なものをア～エから選びなさい。

問 2

朱雀大路は平安京の中央を南北に貫く全長約4キロ、幅約85メートルのメインストリートだが、ほぼそれにあたる現在の通りはどれか。

ア 千本通　　イ 河原町通

ウ 四条通　　エ 九条通

平安京を南北に貫く朱雀大路は現在の**千本通**にあたる。朱雀大路の南端は平安京の正門である羅城門＝写真は羅城門遺址碑＝で、北端は平安京大内裏の正門である朱雀門に至る。平安京はこの通りを境に左京と右京に分けられていた。一般の邸宅は朱雀大路に面する所に門を開くことが禁じられていた。両側には左右京職（きょうしき）、東西の鴻臚館（こうろかん）など重要建物が配置され、路傍には柳が植樹されるなど平安京のメインストリートにふさわしい景観が作られていた。

河原町通は、京都市の南北の主要な通りの一つ。平安京東端の東京極大路、豊臣秀吉が築いた御土居内側の東辺である寺町通りの外側にあたる。**四条通**は、京都市の主要な東西の通りの一つ。平安京の四条大路にあたる。東は祇園の八坂神社、西は松尾大社まで。**九条通**も、京都市に主要な東西の通りの一つ。平安京の南端の九条大路にあたる。千本通から西でやや南に振れ西大路通以西に至っては、平安時代の位置とは大きくずれる。

2 解答

ア 千本通

1 歴史・史跡に関する記述について、最も適当なものを ア ～ エ から選びなさい。

問3 鎌倉時代になると、京都の朝廷と鎌倉の武家政権とが対立し、後鳥羽上皇は兵を集めたが、幕府軍に敗退した。この戦いは何か。

ア 保元の乱　　イ 平治の乱
ウ 承久の乱　　エ 元弘の乱

鎌倉時代に朝廷と鎌倉幕府が対立し、後鳥羽上皇が敗退した事件は、**承久の乱**である。鎌倉幕府は初代将軍・源頼朝の死後、北条氏が勢力を拡張し、北条義時が実権を握るに至った。危機感を抱いた後鳥羽上皇は承久3年（1221）、義時追討の命令を発した。上皇の真意が幕府討滅なのか、それとも義時個人の追討なのかは学界でも意見が分かれる。幕府軍は義時の姉で頼朝の妻の北条政子の訴えに応えて団結し、京都に侵攻して上皇軍を打ち破った。その結果、仲恭天皇は廃位され、後鳥羽・順徳・土御門の3上皇はそれぞれ隠岐、佐渡、土佐（後に阿波）に流された。

保元の乱と**平治の乱**は平安時代末期に起こった戦いである。前者は崇徳上皇とその弟の後白河天皇が争った。平治の乱はクーデターを起こした藤原信頼と源義朝を平清盛が打ち破った。**元弘の乱**は後醍醐天皇が鎌倉幕府を滅ぼすために起こした戦いである。

3 解答
ウ 承久の乱

1 歴史・史跡に関する記述について、最も適当なものをア～エから選びなさい。

室町幕府三代将軍の足利義満の造った金閣にならい、八代将軍義政が造ったものは何か。

ア 祇園閣　　イ 銀閣

ウ 大悲閣　　エ 呑湖閣

室町幕府の第八代将軍・足利義政が造った建物は、**銀閣**の通称で呼ばれている。洛東の如意ヶ岳の西麓に東山殿を造営してそこに居住した。これにちなんで、義政の時代を主とする室町時代中期の文化を「東山文化」と呼んでいる。東山殿は義政の死後に禅宗寺院である慈照寺に改められた。「銀閣」は義政時代から残る建造物で、正式には「観音殿」と呼ばれる。その他、同寺には義政の持仏堂としていた東求堂が残り、銀閣とともに国宝に指定されている。

祇園閣は昭和３年（1928）に実業家・大倉喜八郎が円山公園内の別邸に建てた楼閣で、祇園祭の山鉾を模したユニークな建造物である。現在は大雲院の所有となっている。

大悲閣は江戸時代初期の豪商・角倉了以が嵐山の中腹に建てた寺院で、正式名称を千光寺という。

呑湖閣は加賀藩主・前田氏の菩提寺である芳春院（大徳寺塔頭）にある二層の楼閣建築である。

4 解答
イ 銀閣

1 歴史・史跡に関する記述について、最も適当なものをア～エから選びなさい。

問5

天正10年（1582）、明智光秀に攻められて織田信長が討たれた寺院はどこか。

ア 平等院　　イ 延暦寺
ウ 法住寺　　エ 本能寺

織田信長が討たれた寺院は**本能寺**＝写真は本能寺址碑＝である。本能寺は、応永22年（1415）頃に妙本寺（現・妙顕寺）の僧侶であった日隆（にちりゅう）が、油小路通高辻と五条坊門小路（仏光寺通）との間に建立し、当時は本応寺と号した。移転を繰り返し、天文14年（1545）に、北を六角通、東を西洞院通、南を四条坊門小路（蛸薬師通）・西を油小路通に囲まれた、現在の元本能寺町へ移った。近年の発掘調査成果からは、周囲を堀で囲まれ、内部も堀によって区画され一部に石垣を積み上げていたことがわかっている。

平等院は、宇治市の宇治川西岸に位置。もとは藤原道長の別荘で、その後頼通に伝領され、喜捨されて平等院が建立された。源平合戦の始まりとなる治承4年（1180）の宇治川の戦いで敗れた源頼政は平等院で自刃して果てた。

延暦寺は、近江と山城の国境に位置する比叡山にある寺院。滋賀県大津市。天台宗の総本山。開祖は最澄。

法住寺は、平安京外の七条末路辺（東山区）に所在した寺院。右大臣・藤原為光（ふじわらのためみつ）の創建。平安時代末期には後白河法皇がこの地を御所と定め、院政を行った。

5 解答
エ 本能寺

1 歴史・史跡に関する記述について、最も適当なものを**ア**～**エ**から選びなさい。

問6 天下人となった豊臣秀吉が平安京の大内裏跡である内野に造営した壮大な邸宅は何か。

ア 聚楽第　　イ 東三条殿

ウ 土御門殿　　エ 六波羅第

関白に任じられた豊臣秀吉は、天正14年（1586）、平安京大内裏旧跡の内野に豪華絢爛な**聚楽第**（じゅらくだい）（ジュラクテイとも）＝写真は聚楽第址碑＝を構築し、翌年完成した。その周囲には豊臣家ゆかりの諸大名が邸宅を構えた。天正19年に秀吉が関白職を甥の豊臣秀次に譲った後は、秀次の邸宅となった。聚楽第は、本丸を中心に、西の丸・南二の丸及び北の丸（豊臣秀次増築）の３つの曲輪を持ち、堀を巡らせた平城であった。建物には金箔瓦が用いられ、白壁の櫓や天守のような重層な建物を持つ姿が「聚楽第図屏風」や「洛中洛外図」などの絵図に描かれている。

東三条殿は、平安京左京３条３坊１・２町に所在した。現在の中京区押小路通釜座を中心とする地域にあたる。藤原良房により創建された。**土御門殿**は、藤原道長の邸宅。平安京左京１条４坊15・16町に所在した。現在の上京区の京都御苑内大宮御所の北部に相当。**六波羅第**は、平安時代末期に平氏一門が営んだ邸宅群の総称。東山区三盛、池殿、多門、門脇町を中心とした地域。平正盛が六波羅に邸宅を構えたことに始まる。

6 解答
ア 聚楽第

1 歴史・史跡に関する記述について、最も適当なものをア～エから選びなさい。

問7 江戸後期の儒学者頼山陽が、東山の山並みと鴨川を愛でて美しさを表現し、自らの書斎の名称にも用いた言葉は何か。

ア 美哉山河　イ 山紫水明
ウ 氣象萬千　エ 山河襟帯

「**山紫水明**」である。頼山陽（らいさんよう）（1780～1832）が自邸「水西荘」に増築した書斎を「山紫水明処」と名付けた。32歳で京に移り、没するまで暮らした自邸は、鴨川西岸の丸太町橋北側にあり、まさに東山と鴨川を眺めるのに最適の場所であった。京都の自然景観を形容する言葉として「山紫水明」という言葉が使われるのは、それ以降といわれている。山陽を慕う文人墨客の訪問も多かった。源平に始まる武家の盛衰を書いた『日本外史』を、ここで完成している。没後に刊行されるとロングベストセラーとなり、幕末の尊王攘夷運動に影響を与えたとされる。

「**美哉山河**（うるわしきかなさんが）」は、明治23年（1890）に完成した琵琶湖疏水の第三トンネル西口に掲げられた扁額の言葉で、三条実美（さんじょうさねとみ）の筆による。

「**氣象萬千**（きしょうばんせん）」は同じく琵琶湖疏水の第一トンネル東口にある扁額の言葉であり、伊藤博文の揮毫。同疏水の３本のトンネル出入り口６カ所に時の政府有力者筆の扁額が掲げられている。

「**山河襟帯**（さんがきんたい）」は白居易の詩文にある言葉。

7 解答
イ 山紫水明

1 歴史・史跡に関する記述について、最も適当なものをア～エから選びなさい。

問8 慶応3年（1867）、最後の将軍徳川慶喜が朝廷に政権を返上する大政奉還の舞台となった城はどこか。

ア 二条城　　イ 伏見城
ウ 亀山城　　エ 福知山城

大政奉還の舞台地は複数挙げられる。慶応3年（1867）10月13日、慶喜が**二条城**＝写真＝で諸藩の重役にその意思を示したとされるが、それぞれの主君宛に意見を求めた書付を託したものである。しかし薩摩藩の小松帯刀が即時実行を勧めたため、慶喜は予定を変更した。翌14日、摂政二条斉敬邸に赴き上表したのである。15日、慶喜は禁裏御所を訪れ勅許された。「奉還」の舞台地は禁裏御所、二条邸を最重視すべきであろう。

伏見城は豊臣秀吉から徳川家光までの公儀の城である。家康・秀忠・家光は当地で征夷大将軍宣下を受けた。家光時代に廃城した後は伏見奉行所が置かれた。

丹波の**亀山城**（現・亀岡市）は、幕末には形原松平家の居城であった。当主信義は万延元年（1860）から文久3年（1863）まで老中を務め、「攘夷運動」真っ只中の政治・外交を担った。

福知山城は、幕末には朽木氏の居城である。当主は綱張で、禁門の変では、京都守衛のため近江坂本の警備を任された。

8 解答
ア 二条城

3級　2級　1級

1 歴史・史跡に関する記述について、最も適当なものをア～エから選びなさい。

問9 明治2年（1869）、江戸時代から続く自治組織である町組を基礎として、京都の市民が資金を出し開設したものは何か。

ア 女紅場　　イ 集書院
ウ 第三高等学校　　エ 番組小学校

番組小学校である。明治2年（1869～70)、変革を求められていた京都のまちは、自治組織「町組」が「番組」に再編され、番組ごとに1校を原則に計64校が創設された。明治5年（1872）の明治政府による学制頒布に先立つ、日本初の学区制小学校として特筆される。学校の運営費を、全戸から「竈金（かまどきん）」として集めているところも注目される。学校では算術や筆道、読書を教えた。ただ教育の場というだけでなく、同じ建物を区分して町会所や行政の出先機関も置かれた。警察・交番や消防の望火楼、保健所の役割も担った。明治5年に女子教育の場として創設されたのが**女紅場**で、鴨川の丸太町橋西詰に跡地を示す石碑がある。**集書院**は京都府が翌6年に三条通東洞院東に開設。京都府立図書館の前身である。**第三高等学校**はその前身を明治2年に大阪に創設された舎密局にさかのぼる。その後、合併や改称を経て同22年に上京区吉田町（現在の左京区吉田本町）に移転、同27年第三高等学校に改称された。第二次世界大戦後の昭和24年（1949)、学制改革で新制京都大学に統合された。

9 解答
エ 番組小学校

1 歴史・史跡に関する記述について、最も適当なものを**ア**〜**エ**から選びなさい。

問 10 明治天皇の御陵は京都に造られた。それはどれか。

ア 水尾山陵　**イ** 月輪陵
ウ 伏見桃山陵　**エ** 醍醐陵

明治天皇は明治45年（1912）7月30日、皇居・明治宮殿で崩御、遺命により京都・桃山の地への埋葬が決まり、陵名は**伏見桃山陵**＝写真＝とされた。9月13日、東京・青山練兵場（現・神宮外苑）で大喪の礼の後、天皇の柩は青山の仮停車場から霊柩列車で京都に向かい、東海道線京都駅経由で14日夕、桃山に到着、新たに造営された御陵に埋葬された。陵地は豊臣秀吉が築いた伏見城の本丸跡にあたり、東隣に皇后である昭憲皇太后の伏見桃山東陵、近くに桓武天皇の柏原陵がある。墳丘は古式を踏まえた上円下方墳で、基底部の一辺が約60メートル、上円部の高さは約6.3メートルで表面に石が葺かれている。立ち入りが可能な遥拝所まで230段の石段が続いている。

水尾山陵は嵯峨水尾の山中にある清和天皇の陵墓。**月輪陵**は泉涌寺山内にあり、鎌倉時代の四条天皇と、江戸時代の後水尾天皇から後桃園天皇まで十一代の天皇が祀られている。**醍醐陵**は、醍醐寺近くにある朱雀天皇の陵墓。

10 解答
ウ 伏見桃山陵

2 **神社・寺院に関する記述について、最も適当なものを ア ～ エ から選びなさい。(11)～(20)**

問 11

明治28年（1895）、平安奠都千百年紀念祭に際し創建された、桓武天皇と孝明天皇を祭神とする神社はどこか。

ア 北野天満宮　イ 平安神宮
ウ 長岡天満宮　エ 白峯神宮

解答は**平安神宮**。平安神宮の外拝殿＝写真＝は、平安京の朝堂院（ちょうどういん）正殿の大極殿を模した神殿。桓武天皇（737～806）を顕彰して行われた祭典「平安奠都千百年紀念祭」の奉祝行事として10月25日に行われた時代行列が始まりで、現在では京都三大祭の一つに数えられるのが「時代祭」である。

北野天満宮は、学業成就の神社として有名。「学問の神さま」と崇められる菅原道真を祀り、「北野の天神さん」と呼ばれる全国天満宮の総本社。梅と紅葉の名所でもある。

長岡天満宮は、祭神の菅原道真が大宰府に左遷される時に立ち寄ったと伝わる。参道や境内には多数のキリシマツツジが植えられており、うち100株は長岡京市の天然記念物に指定されている。

白峯神宮（しらみね）は、和歌・蹴鞠の家として知られた飛鳥井家の邸宅跡にあり、境内に「蹴鞠の碑」があることでも知られる。野球・サッカーをはじめ、スポーツの上達を願う参拝者も多い。各種スポーツの試合で使用された公式球が奉納されている。

11 解答
イ 平安神宮

2 神社・寺院に関する記述について、最も適当なものを ア ～ エ から選びなさい。

問12 平安中期の陰陽師を祀り、五芒星をかたどった桔梗印を社紋とする一条戻橋近くにある神社はどこか。

ア 貴船神社　　イ 梨木神社

ウ 大将軍神社　　エ 晴明神社

晴明神社＝写真＝は、堀川通に面しており「魔除け」「厄除け」の神社として有名。天文道に精通した平安時代中期の陰陽師・安倍晴明の邸宅跡に、一条天皇の勅命によって創建されたと伝わる。

安倍晴明は朱雀帝から村上、冷泉、円融、花山、一条の6代の天皇の側近として仕えた。

貴船神社は、賀茂川の水源地にあたることから水の神である高龗神が祀られている。本宮社殿の前の石垣からは貴船山の湧水が湧き出し、おみくじの紙を浮かべて占う「水占みくじ」が人気。

梨木神社は、明治18年（1885）に創建された。境内の井戸「染井」の水は、京の三名水の一つとして有名。また萩の名所としても知られ、「萩の宮」と称される境内には萩が咲き誇り、古今を通じて和歌が詠まれてきた。

大将軍神社は、平安京造営時、都の守護のために四方に建立された。方位の神である大将軍を祀った神社で、東山三条、北区西賀茂などにある。東山三条の社には鵺が出没したという伝説がある。

12 解答
エ 晴明神社

2 神社・寺院に関する記述について、最も適当なものをア～エから選びなさい。

問13 酒の神様として信仰を集め、境内の「亀の井」の水を醸造の時に混ぜると酒が腐らないと伝わる神社はどこか。

ア 大酒神社　　イ 御香宮神社
ウ 松尾大社　　エ 梅宮大社

松尾大社（まつのお）は京都屈指の古社の一つ。祭神は大山咋神（おおやまぐいのかみ）と市杵島姫命（いちきしまひめのみこと）。大宝元年（701）に現在地に社殿が造営されて以降、平安時代からは上賀茂、下鴨両社とともに皇城鎮護の社とされた。優れた醸造技術を持っていた秦氏との関連から、中世以降「日本第一酒造神」として信仰を集めている＝写真は亀の井＝。

大酒神社（おおさけ）は、広隆寺の東側に建つ。かつては広隆寺の境内にあり、秦氏の総鎮守として一族から敬われた。

御香宮神社（ごこうのみや）は、「御香水（ごこうすい）」と呼ばれる名水で有名な伏見区にある神社。この水を飲むと、どんな病気でも治る奇跡が起きたと伝わる。鳥羽・伏見の戦いでは薩摩藩の本陣となった。

梅宮大社（うめのみや）は、嵯峨天皇の妻である檀林皇后（橘嘉智子（たちばなのかちこ））が現在地に遷座した橘氏の氏神である。檀林皇后がまたげ石をまたいで仁明天皇を懐妊したと伝わることから、古来、子宝と安産の神社として信仰されている。

13 解答
ウ 松尾大社

2 神社・寺院に関する記述について、最も適当なものをア～エから選びなさい。

問14 伏見城の遺構と伝わる唐門（国宝）があり、豊臣秀吉を祭神とする通称「ホウコクさん」という神社はどこか。

ア 建勲神社　　イ 豊国神社

ウ 出世稲荷神社　　エ 大豊神社

豊国神社は、阿弥陀ヶ峰の中腹に創建されたが、徳川幕府の命により廃社された。現在の豊国神社＝写真＝は、明治天皇の御沙汰により、方広寺大仏殿跡地に再興(明治13年〈1880〉)されたもの。唐門は伏見城遺構と伝わり、二条城、金地院を経て現在地に移されたもので、桃山時代の名建築である。

建勲（たけいさお）神社（ケンクンとも）は、織田信長・信忠父子を祀り、明治２年、織田信長の戦国の乱世の中での功労に対して、明治天皇の命によって創建された。本能寺の変の後、豊臣秀吉が大徳寺より船岡山を購入して信長の霊地としたことから、明治13年に船岡山東麓に社殿が造営された。明治43年に社殿を船岡山の山頂へ移して現在に至っている。

出世稲荷大社は、秀吉が聚楽第（じゅらくだい）（ジュラクテイとも）を造営する際に、日ごろから信仰していた稲荷神社を勧請したといわれる。翌年、後陽成天皇が聚楽第に行幸し、稲荷社に参拝したときに、立身出世を遂げた秀吉に因み「出世稲荷」の号を授けたという。平成24年（2012）に千本旧二条（上京区）より左京区大原に移転。

京都市左京区の**大豊（おおとよ）神社**の境内にある大国社には、狛犬ではなく狛ネズミが鎮座している。

14 解答　イ 豊国神社

2 **神社・寺院に関する記述について、最も適当なものをア～エから選びなさい。**

問15 境内に西陣織の業祖神を祀る織姫社がある紫野の神社はどこか。

ア 大田神社　　イ 藤森神社
ウ 今宮神社　　エ 下御霊神社

今宮神社＝写真＝では「西陣」という呼称のきっかけとなった「応仁の乱」が終結した11月11日を「西陣の日」と定め、織姫社（おりひめしゃ）「西陣の日」奉祝祭が行われる。西陣織に携わる人たちが織姫社の神前に集い、織物の祖神に感謝を捧げ、西陣の繁栄を祈る日としている。

大田神社は上賀茂神社の摂社で、天鈿女命（あめのうずめのみこと）を祀っている。参道脇の「大田ノ沢」と呼ばれる沼地には野生のカキツバタが群生し、多くの人の目を楽しませている。その美しさは平安時代の藤原俊成の歌にも詠まれている。

藤森神社は勝運と馬の神社として有名。毎年５月１日～５日に行われる藤森祭は菖蒲の節句の発祥ともいわれる。祭のハイライトは、走る馬の上で技を競う駈馬（かけうま）神事で、京都市登録無形民俗文化財に指定されている。

下御霊神社は、冤罪で亡くなった貴人たちの怨霊を慰撫するために平安時代初期に建立された。当地に移転後、御所の鎮守社として御霊八所神を祀り、疫病災厄を退散し、朝廷と都を守る神社として崇敬されている。

15 解答
ウ 今宮神社

2 神社・寺院に関する記述について、最も適当なものを**ア**～**エ**から選びなさい。

京都五山之上で知られる禅寺で、境内には琵琶湖疏水の水路閣もある寺院はどこか。

ア 南禅寺
イ 大徳寺
ウ 仁和寺
エ 知恩院

南禅寺は文永元年（1264）に亀山天皇が母・大宮院の御所として造営した離宮禅林寺殿を始まりとする。二世住職に規庵祖圓（きあんそえん）を迎えた正応（しょうおう）5年（1292）から伽藍の整備が本格化、最後の法堂の完成まで約15年を費やして、寺の形を整えた。建武元年（1334）に**大徳寺**とともに京都五山の第一位に上り、至徳3年（1386）には足利義満により、京都、鎌倉の両五山よりさらに上の「五山之上（ござんしじょう）」に位置付けられ、隆盛を極めた。

寺の伽藍のうち方丈（国宝）は天正年間（1573～92）の築造で、大方丈は女院御所の旧御殿を移築、小方丈は伏見城の遺構とも伝えられる。寛永5年（1628）に藤堂高虎の寄進で再建された三門（重文）は、歌舞伎「楼門五三桐（さんもんごさんのきり）」でよく知られる。国宝の亀山法皇宸翰（しんかん）や狩野探幽（かのうたんゆう）の「群虎図」（重文）など、所蔵文化財も一級品がそろう。また、境内の景観に興趣を添えているのが、半円アーチ式煉瓦（れんが）造りでローマの水道橋を思わせる「水路閣」。京都市北部の灌漑（かんがい）用に引いた琵琶湖疏水からの分線で、明治21年（1888）に完成した。

16 解答
ア 南禅寺

2 神社・寺院に関する記述について、最も適当なものをア～エから選びなさい。

問17 狩野元信ら狩野派の菩提寺で、本能寺の変の際、織田信忠が宿泊していた日蓮宗の寺院はどれか。

ア 妙顕寺　　イ 妙覺寺

ウ 本法寺　　エ 本隆寺

鎌倉時代末期、日像（にちぞう）によって京の地にもたらされた法華宗（日蓮宗）は、室町幕府の庇護を受け勢力を拡大、天文法華の乱で一時京を追われるが、皇室や戦国大名らの引き立てで再び隆盛を取り戻した。なかでも、**妙覺寺**（みょうかくじ）＝写真＝は、織田信長が京都滞在時の宿所とし、本能寺の変の折は嫡男・信忠（1558～82）がここに宿をとっていて、明智勢の前にあえない最期を遂げた。現存する堂宇は天明８年（1788）の大火後に再建されたものだが、聚楽第（じゅらくだい）（ジュラクテイとも）の裏門だったとされる大門や、寺宝の斎藤道三遺言状などが、刻んできた歴史の重みを感じさせる。域外の墓地には狩野元信（かのうもとのぶ）（1476～1559）、永徳ら室町・戦国画壇に君臨した狩野家代々の墓がある。

妙顕寺（みょうけんじ）は日蓮宗の大本山。開山・日像が後醍醐天皇から寺地を賜って創建、日蓮門下寺院最初の勅願寺として洛中法華寺院の筆頭に位置付けられた。**本法寺**（ほんぽうじ）は、足利義教（よしのり）の怒りにふれ焼けた鍋を被らされた「鍋かむり日親」ゆかりの寺。**本隆寺**（ほんりゅうじ）は法華宗真門流の総本山で、境内の「夜泣き止めの松」で知られる。

17 解答
イ 妙覺寺

2 神社・寺院に関する記述について、最も適当なものをア～エから選びなさい。

問18 一年中、寺内で鈴虫が鳴いていることから「鈴虫寺」とも呼ばれ、一つだけ願いごとをかなえるという草鞋(わらじ)を履いた幸福地蔵で知られる寺院はどこか。

ア 天龍寺　　イ 石峰寺
ウ 乙訓寺　　エ 華厳寺

松尾(まつのお)大社や苔寺（西芳寺）から近い洛西の山すそにあり、鈴虫寺の名で呼ばれる**華厳寺**(けごんじ)は、享保(きょうほう)8年（1723）に華厳宗の復興を目指す学僧・鳳潭(ほうたん)により創建、慶応年間（1824～91）に臨済宗に改宗され、現在に至る。鈴のような心地よい鳴き声を参拝者に味わってもらえるようにと、鈴虫の飼育を始めたのがきっかけで、それが寺の呼び名ともなった。四季を通じ鈴虫の音色を楽しめるのに加え、寺僧による「鈴虫説法」も人気を集める。山門脇に立つのはわらじをはいた「幸福地蔵」＝写真＝で、一つだけ願い事を叶えてくださるとの評判から、一願成就を求める人で山内はいつもにぎわっている。

天龍寺(てんりゅうじ)は、足利尊氏が後醍醐天皇の菩提を弔うため、夢窓疎石(むそうそせき)を開山として創建した禅寺。**石峰寺**(せきほうじ)は、伊藤若冲(じゃくちゅう)が門前に草庵を建てて隠棲した黄檗(おうばく)宗の寺院。境内に若冲が造らせた石仏が残り、若冲の墓、筆塚もある。**乙訓寺**(おとくにでら)は空海が別当を務めた歴史を有する古刹で、今はボタンの名所として知られる。

18 解答
エ 華厳寺

2 神社・寺院に関する記述について、最も適当なものをア～エから選びなさい。

問19 唐の玄宗皇帝が楊貴妃を偲んで造らせたと伝える「楊貴妃観音」を祀る寺院はどこか。

ア 祇王寺　　イ 誠心院
ウ 廬山寺　　エ 泉涌寺

皇室とのかかわりが深く、「御寺（みてら）」と呼ばれる**泉涌寺（せんにゅうじ）**は、平安時代初期の創建で、はじめは法輪寺、後に仙遊寺と改名、建保（けんぽう）6年（1218）、宋から帰朝した俊芿（しゅんじょう）に寄進され、主要伽藍が整えられた。その時、境内に新しい泉が湧き出したことから名を泉涌寺に改めたという。仁治3年（1242）に四条天皇が没して陵墓が山内に造営されて以来、江戸時代には後水尾（ごみずのお）天皇から孝明（こうめい）天皇までの天皇・皇后・親王あわせて25陵が営まれるなど、皇室の香華院（菩提所）として栄えた。国宝、重文を含む寺宝が数あるなかで、とくに有名なのが宋伝来の聖観音（しょうかんのん）像（重文）で、楊貴妃（ようきひ）観音像の名で参拝者必見との評判を呼んでいる。

祇王寺（ぎおうじ）は、平清盛の寵愛を失った白拍子が出家して入寺したという尼寺。**誠心院（せいしんいん）**は、和泉式部寺の通称名で知られ、藤原道長が式部のために建てた小御堂が起こりとされる。**廬山寺（ろざんじ）**は、紫式部の邸宅跡と伝えられ、本堂南側の源氏の庭に「紫式部邸宅址」の碑が建つ。

19 解答
エ 泉涌寺

2 神社・寺院に関する記述について、最も適当なものをア～エから選びなさい。

問20 小野小町ゆかりの寺で、3月には菅笠に梅の造花を挿した少女たちが舞う「はねず踊り」が行われる寺院はどこか。

ア 即成院　イ 法界寺
ウ 随心院　エ 常照寺

小野小町（おののこまち）（生没年不詳）ゆかりの寺は京都市内にいくつかあるが、3月に「はねず踊り」＝写真＝が行われる寺院は、山科区小野にある真言宗善通寺派大本山「**随心院**（ずいしんいん）」。絶世の美女と伝えられ、六歌仙、三十六歌仙の一人に数えられる小野小町の邸宅があったといわれ、境内には小町に寄せられた千通の手紙が埋められていると伝わる「小町文塚」、小町が顔を洗った（化粧をした）とされる「化粧の井戸」がある。この寺院には「深草少将百夜通い（ふかくさのしょうしょうももよ）」の伝説もある。小町を慕う少将が、小町から100日通えば求愛を受け入れると言われ、毎日通い続けたが、最後の日に大雪のために息絶えたという話だ。

即成院（そくじょういん）は、東山区にある泉涌寺の塔頭で、源平の屋島の戦いで扇の的を射った那須与一ゆかりの寺院。**法界寺**は、伏見区日野にあり、親鸞や日野富子を輩出した日野家の菩提寺。北区鷹峯にある**常照寺**は、琳派の祖・本阿弥光悦が開基で、島原の名妓・吉野太夫ゆかりの花の寺としても有名。

20 解答
ウ 随心院

3 **建築・庭園・美術に関する記述について、最も適当なものをア～エから選びなさい。(21)～(30)**

問 21

祇園造は、どの神社特有の建築様式か。

ア 北野天満宮　イ 平野神社

ウ 石清水八幡宮　エ 八坂神社

祇園造は東山区にある**八坂神社**＝写真＝の本殿建築様式である。母屋の四方に庇をめぐらし、さらに両側面と北面に又庇を付け、前面には3面の向拝と入母屋の屋根、ほかの3面には片流れの屋根を付けたものである。

北野天満宮の本殿建築様式は八棟造で、拝殿と本殿を石敷の相の間で連結した形式のもので屋根は連続する。桃山時代の霊廟に広く使われ、日光東照宮本殿に用いられたことで権現造の名も得た。

平野神社の本殿建築様式は、比翼春日造で平野造とも呼ばれ、一間社春日造の社殿を2殿ずつつなげた形式をとっている。春日造は、切妻造妻入、丹塗、正面に階隠の庇を付けたもの。棟に置千木と堅魚木を揚げ、春日大社本殿が典型である。奈良県地方に多く、円成寺の春日堂・白山堂が現存最古の春日造社殿として国宝に指定されている。

石清水八幡宮の本殿建築様式は、八幡造である。切妻造・平入りの前殿と後殿とを連結し、両者の間に生じた屋根の谷に陸樋を入れたもの。前殿と後殿の間の空間は相の間と呼ばれ、このほか、宇佐神宮本殿が代表的。

21 解答
エ 八坂神社

3 建築・庭園・美術に関する記述について、最も適当なものをア～エから選びなさい。

問22 境内の滴翠園内に、桃山様式の三層の楼閣・飛雲閣（国宝）がある寺院はどこか。

ア 東寺　イ 西本願寺
ウ 高台寺　エ 大徳寺

西本願寺にある名勝・滴翠園（てきすいえん）には、国宝の飛雲閣がある。滴翠園は、西本願寺境内の南東隅にあたり、四方を築地塀で囲われている。敷地東部は飛雲閣とそれに面した滄浪池（そうろうち）を中心に亭舎を配置し、梅等の花木を植え、大石を用いた石組が見所となっている。敷地西部には醒眠泉（せいみんせん）と茶室・澆花亭とその露地空間となっている。飛雲閣は三層の楼閣であって最下層に設けられた御船入りによって池に通じるようになっている。

江戸時代中期には10の庭の優れた景観として飛雲閣、滄浪池、龍背橋（りゅうはいきょう）、踏花塢（とうかう）、胡蝶亭（こちょうてい）、嘯月波（しょうげつは）（池周囲の堤）、黄鶴台（おうかくだい）、艶雪林（梅）、醒眠泉、青蓮榭（せいれんしゃ）が選ばれ、「滴翠園十勝」と呼ばれた。さらに飛雲閣の東に茶室・憶昔亭（いくじゃてい）が増築され、庭園の景観が整えられた。

西本願寺には滴翠園のほかにも大書院庭園が特別名勝に指定されている。大書院庭園は、古来虎渓の庭と称せられる枯山水で、桃山時代の作庭精神をよく表現しているといわれる。

3級
2級
1級

22 解答
イ 西本願寺

3 建築・庭園・美術に関する記述について、最も適当なものをア～エから選びなさい。

問23 京町家の家屋を泥はねなどから守るために設けられているものはどれか。

ア 虫籠窓　　イ 犬矢来
ウ バッタリ床几　　エ うだつ

京町家で家屋を泥はねなどから守るために設けられているのは**犬矢来**（いぬやらい）＝写真＝。京町家を特徴付ける造作の一つで、京都らしい町の景観に欠かせない造作となっている。泥はねや雨水のはね返りから腐食しやすい壁の下部分を守る目的のほかに、言葉どおり、犬の放尿から壁を守ることや、道路と敷地の境界線を明確に示すこと、泥棒除けの狙いもあるといわれている。材質は本来、平らに削った竹を使うが、金属製のものもある。

虫籠窓（むしこまど）は、京町家に多く見られる中二階の壁面に開いた虫籠のような縦格子窓。長方形や丸形があり、外観や室内への採光や格子越しに見る景色を考慮して作られている。**バッタリ床几**は、軒下に設けられた縁台で、使わないときは町家の壁に貼り付けるように折りたたむことができる。本来は商品を陳列していた。**うだつ**は、民家の両妻に張り出すように設けられた小屋根付きの袖壁で、装飾と防火を兼ねる。「うだつが上がらない」の言葉もここから来ている。

23 解答
イ 犬矢来

3 建築・庭園・美術に関する記述について、最も適当なものをア～エから選びなさい。

問24 八条宮家の初代智仁親王と二代智忠親王の父子が造営し、ドイツの建築家ブルーノ・タウトが「日本建築の世界的奇跡」と称賛した山荘はどれか。

ア 桂離宮　イ 修学院離宮
ウ 旧二条離宮　エ 仙洞御所

桂離宮＝写真（提供 宮内庁京都事務所）＝は江戸時代初期に八条宮家の初代・智仁親王と二代・智忠親王によって造営された。庭園の中心をなすのは敷地のほぼ中央に配された園池で、その西岸には古書院、中書院、楽器の間、新御殿からなる中心建物群が雁行して建ち、南面には平場が広がる。園池の東岸には松琴亭が建ち、一帯の流れ手水や天橋立に見立てたデザインは見どころの一つとされる。古書院の東には月見のための月波楼が建ち、池南部の大きな築山の頂上に建つ賞花亭からは園内外の眺望が得られる。園池南部の笑意軒前の船着きは切石を用いた直線的な護岸で、実用性とともに江戸時代初期の好みがうかがえる。

随所に配された石燈籠も実用に即しつつ洗練されたデザインであり、建築・庭園が一体化し、歩行あるいは船遊びによる景色が変化する空間構成となっている。明治から大正時代にも名園として人々の憧れの存在であったが、昭和初期に訪れたブルーノ・タウトも絶賛した。

24 解答
ア 桂離宮

3 建築・庭園・美術に関する記述について、最も適当なものをア～エから選びなさい。

問 25 待賢門院ゆかりの法金剛院にある滝の名前はどれか。

ア 音羽の滝　イ 金引の滝
ウ 青女の滝　エ 空也の滝

法金剛院にあるのは**青女の滝**（せいじょ）＝写真＝である。法金剛院の庭園は現在はハスで有名であるが、「法金剛院青女滝 附 五位山」という名称で国の特別名勝に指定されていることからも、青女の滝が評価された庭園である。青女の滝は庭園の園池の奥にある高さ約5メートルにもおよぶ巨石からなる滝石組である。

かつての青女の滝は、昔から上方約3メートルほどしか見えておらずそれ以外は埋もれていたが、昭和45年（1970）に行われた庭園の整備に先立つ発掘調査によって、高さ約4メートルの滝の全貌が現れた。

法金剛院は平安時代前期の貴族、右大臣・清原夏野の双ヶ丘山荘の跡地で、その後双丘寺、天安寺と改められ、大治4年（1129）から鳥羽天皇の中宮・待賢門院により寺院造営の計画がはじまり法金剛院となった。庭園の滝石組は、はじめ石立僧の伊勢房林賢が築き、さらに徳大寺法眼静意が指揮監督して、長承2年（1133）に完成した。

音羽の滝は、東山区清水寺奥の院付近の滝。

金引の滝は、京都府宮津市にある滝で、金引、白竜、臥竜の3滝からなる。

空也の滝は、右京区清滝月ノ輪町の愛宕山麓にある滝。

25 解答
ウ 青女の滝

3 建築・庭園・美術に関する記述について、最も適当なものをア～エから選びなさい。

問 26

龍安寺方丈庭園や大徳寺大仙院書院庭園などに代表され、室町時代に発達した庭園様式を何というか。

ア 枯山水　　イ 浄土庭園

ウ 寝殿造庭園　　エ 露地

龍安寺方丈庭園や大徳寺大仙院書院庭園の庭園様式を**枯山水**という。水を使わずに、石組を主体として白砂・コケ・刈込などで自然景観を象徴的に表現する枯山水が成立するのは室町時代中期ごろとされる。

枯山水の文字は平安時代の『作庭記』に「池もなく遣水もなき所に石をたつる事あり。これを枯山水となづく」と見られる。しかし、『作庭記』のいうところの枯山水は、平安時代の**寝殿造庭園**のうち、池や遣水などの水辺とは離れたところに配された石組、つまり庭の局部を指すものと理解されている。そして、庭園の局部につくられていた枯山水が徐々に主体性を強め、枯山水だけで一つの庭園を構成することとなる。それが室町時代中期ごろに成立した様式としての枯山水である。

寝殿造庭園は平安時代の貴族住宅である寝殿造住宅に付随した庭園で**浄土庭園**は阿弥陀堂をともなう極楽浄土を表現したもの。**露地**とは、待合から茶室に至るまでの屋外空間にしつらえられた庭。

26 解答
ア 枯山水

3 建築・庭園・美術に関する記述について、最も適当なものをア〜エから選びなさい。

問27 豊臣秀吉が基本設計し、名石「藤戸石」が置かれている庭園はどこか。

ア 金地院 鶴亀の庭　イ 無鄰菴庭園
ウ 本法寺 三巴の庭　エ 醍醐寺 三宝院庭園

醍醐寺 三宝院庭園は、慶長3年（1598）に秀吉によって当初の縄張り（設計）がなされ、秀吉は同年に没するが、庭園は元和10年（1624）に一応完成した。座主・義演（ぎえん）が記した『義演准后（じゅごう）日記』からは、秀吉の作庭の状況がつぶさにうかがえる。

三宝院庭園の見どころの一つは名石「藤戸石」である。藤戸石は、秀吉が聚楽第に運びこませていたものを、醍醐の花見のときに三宝院へ移動させたとされ、覇者のシンボルともいわれる。建物群の南に東西に長い園池が広がり、護岸は大ぶりの石を多用している。園池は東・南・西を築山に囲まれ、藤戸石は園池南岸と築山との間の平坦地に据えられている。

金地院 鶴亀の庭は、南禅寺の金地院の方丈前の枯山水で、江戸時代に流行した鶴亀の庭の典型とされ、徳川将軍家の繁栄を願う祝儀の空間でもある。

本阿弥家の菩提寺である**本法寺**の庭は、**三巴の庭**と称され、三カ所の築山で巴紋を表現した造形が特徴である。

27 解答
エ 醍醐寺 三宝院庭園

3 建築・庭園・美術に関する記述について、最も適当なものをア～エから選びなさい。

問 28 六波羅蜜寺が所蔵する、康勝作の6体の阿弥陀仏が口から飛び出している木像はどれか。

ア 平清盛像　イ 一休宗純像
ウ 空也上人像　エ 弘法大師像

鎌倉時代前期の肖像彫刻の傑作で、重文の**空也上人像**がそれである。空也（903～972）は平安時代中期の僧。諸国を巡歴して社会に奉仕、市中に死体があると油を注いで焼き、阿弥陀仏の名を唱えて供養した。天暦5年（951）の京都の疫病流行に際して1丈の観音像、6尺の梵天・帝釈天・四天王像を造り、書写した大般若経とともに供養したのが六波羅蜜寺の始まりという。上人像の像内の墨書銘から運慶の四男・康勝の作と判明。左手に鹿角のついた杖をつき、右手に撞木をとって胸にかけた鐘を打ちながら遊行する姿が写実的にとらえられ、念仏が6体の阿弥陀仏となって口から飛び出す印象的な表現とともに見るものに迫る名作。

平清盛像は晩年の清盛の姿を写したとされる坐像が六波羅蜜寺にある。座して手にした経巻に目を落とす姿が表現された重文指定の彫像。

一休宗純像は室町時代中期の禅僧を描いた画像では東京国立博物館蔵の「一休和尚像」が知られ、木彫像では京田辺市の酬恩庵一休寺に生前の髪や髭を植えたという彫像がある。

弘法大師像は彫像では、東寺の御影堂に現存最古とされる康勝作の木彫像（国宝）がある。

28 解答
ウ 空也上人像

3 建築・庭園・美術に関する記述について、最も適当なものを**ア**～**エ**から選びなさい。

問 29 妙心寺の法堂の天井に描かれた「雲龍図」を描いた人物は誰か。

ア 雪舟
イ 伊藤若冲
ウ 今尾景年
エ 狩野探幽

妙心寺法堂の「雲龍図」＝写真＝を描いたのは江戸時代初期の画家、**狩野探幽**（1602～74）。狩野孝信の長男で狩野永徳の孫。幼いころから画才を発揮。慶長17年（1612）、江戸に下るとき駿府で徳川家康に拝謁して認められ、元和3年（1617）、徳川秀忠から屋敷を拝領して江戸狩野を興し、16歳の若さで幕府御用絵師となった。以後、江戸城の改造のたびに障壁画を担当、大坂城、二条城、名古屋城、京都御所や寺院の障壁画制作で活躍、幕藩体制における狩野派の地位と権勢を盤石にした。妙心寺法堂の天井画「雲龍図」は探幽が法眼の地位にあった55歳のときに8年がかりで完成させた。見る位置や角度によって龍の動きや表情が変化する「八方にらみの龍」といわれ、重文に指定されている。

雪舟（1420～1506）は室町時代後期の画僧。40歳代で中国に渡り本場の自然や水墨画技法を学んで帰国した。

伊藤若冲（1716～1800）は江戸時代中期の京都の絵師。濃彩緻密で華麗な動植物や花鳥の写生に超現実的な誇張や装飾性を織り込んだ個性的な描写の「動植綵絵」などが代表作。

今尾景年（1845～1924）は近代京都画壇の重鎮。南禅寺法堂の雲龍図を描いた。

29 解答
エ 狩野探幽

3 建築・庭園・美術に関する記述について、最も適当なものをア～エから選びなさい。

問30 寛永の三筆に数えられる能書家としても知られ、俵屋宗達の版下絵と融合した謡曲本を角倉素庵と協力し、出版した人物は誰か。

ア 本阿弥光悦　　イ 三条小鍛冶宗近
ウ 宮崎友禅斎　　エ 角倉了以

桃山時代から江戸時代初期の京都の芸術家、**本阿弥光悦**（1558～1637）である。刀剣の鑑定や研磨を生業とする本阿弥家の分家に生まれ、書、漆芸、陶芸などに優れ、近世初頭の美術工芸界の指導者として活躍した。書は松花堂昭乗、近衛信尹（のぶただ）ともに寛永の三筆にうたわれ、蒔絵の意匠や樂焼にも秀でた。才能を見いだした俵屋宗達に金銀泥の下絵を書かせた華麗な料紙に光悦が書の美を調和させた「四季草花下絵和歌巻（しきそうかしたえわかかん）」などは琳派の装飾美の先駆であり、角倉素庵と組んだ出版物には、光悦の書と宗達の版下絵とが融合した美しい謡曲本があり、嵯峨本と呼ばれる。

三条小鍛冶宗近（こかじむねちか）は平安時代の刀匠で京都の三条に住んでいたことに名の由来がある。

宮崎友禅斎は江戸時代の京の扇面絵師。友禅染を考案し、京友禅の祖といわれる。

角倉了以（すみのくらりょうい）（1554～1614）は江戸時代初期の豪商。嵯峨の大堰川の水運を開き、京都の高瀬川を開削した。角倉素庵の父。

30 解答
ア 本阿弥光悦

4 芸術・文化に関する記述について、最も適当なものをア～エから選びなさい。(31)～(40)

問31 豊臣秀吉と北政所を祀る高台寺霊屋(おたまや)の須弥壇(しゅみだん)や厨子(ずし)扉に施されている装飾はどれか。

ア 蒔絵　　イ 七宝

ウ 堆朱　　エ 象嵌

東山区にある臨済宗建仁寺派高台寺の霊屋(おたまや)は、重文に指定されている建物。豊臣秀吉と北政所(きたのまんどころ)が祀られ、北政所が埋葬されている場所でもある。霊屋内の須弥壇(しゅみだん)や厨子(ずし)扉に施されているのは「高台寺**蒔絵**(まきえ)」＝写真（提供 高台寺）＝といわれ、桃山時代の漆工芸の粋を集めた壮麗な蒔絵だ。

蒔絵には手法から大きく分けて、「平蒔絵」「研出蒔絵」「高上蒔絵」があるが、高台寺蒔絵は平蒔絵。黒漆の表面に金粉などを蒔いて文様を浮かび上がらせており、その対比が印象的で、しかも意匠が、それまでのパターンにとらわれない自由で斬新な新境地を打ち出しており、桃山時代の新興の武将の趣向を反映した多彩で華麗な美術品である。

七宝(しっぽう)は、金属の土台に、銀やガラス質の釉薬(ゆうやく)で模様を焼きつけた金属工芸。**堆朱**(ついしゅ)は、素地の表面に漆を幾重にも塗って層をつくり、それを彫って文様を浮かび上がらせる彫漆の技法。**象嵌**(ぞうがん)は、金属、木材、陶磁などの素材に金銀や貝殻など異なる素材をはめこむ技法をいう。

31 解答
ア 蒔絵

4 芸術・文化に関する記述について、最も適当なものをア～エから選びなさい。

問32 野々村仁清に学んだのち、鳴滝に窯を開いた陶工で、絵師であった兄・光琳との合作でも知られる人物は誰か。

ア 奥田頴川　イ 尾形乾山
ウ 青木木米　エ 清水六兵衛

野々村仁清（にんせい）の弟子で、絵師の兄・光琳（こうりん）との合作でも知られるのは**尾形乾山**（おがたけんざん）（1663～1743）。乾山は京の呉服商の三男として生まれ、早くから学問を修めて詩歌や茶に親しんだ。次兄は後に琳派（りんぱ）の大成者となる絵師の尾形光琳。乾山は当時、御室（おむろ）焼の名工で色絵の大成者といわれる野々村仁清の窯がある仁和寺（にんなじ）近くに居を構えて、仁清から多くを学んだ。後に近くの鳴滝に窯を造り、兄の光琳とともに絵付けに力量を発揮した。乾山の陶風は教養の豊かさからなのか、朝鮮、中国、オランダなどの陶磁の特徴を取り入れるなど多種多様でありながら、雅で洗練された美しさを備えている。仁清とともに京焼の第一黄金期をつくった。

奥田頴川（えいせん）（1753～1811）は、江戸時代後期の陶芸家で中国明代の磁器を手本に本格的な磁器焼成を成し遂げ、古染付、赤絵に独自の境地を開いた。

青木木米（もくべい）(1767～1833)は、頴川の弟子で文人としても有名。

清水六兵衛（初代〈1738～99〉）は、江戸時代中期から続く清水焼（京焼）の名跡。

32 解答
イ 尾形乾山

4 **芸術・文化に関する記述について、最も適当なものをア～エから選びなさい。**

問33

京都の有名な工芸品の一つに京扇子がある。かつて扇屋が多かった地に建立された「扇塚」があるのはどの橋のたもとか。

ア 宇治橋
イ 松尾橋
ウ 五条大橋
エ 河合橋

かつて京扇子を作る扇屋が多かった地に建立された「扇塚」は**五条大橋**の西北詰にある。新善光寺（御影堂）という寺院があった場所で、平安時代末期の武将・平敦盛の妻が、夫の死後に「蓮華院尼」となってこの御影堂に入り、ここの僧侶とともに扇を作り始めた。それが「御影堂扇」として有名になり、周辺には多くの扇屋が集まって製造するようになったという。

扇は王朝時代の貴族の間で儀礼的に使われたもので、現存する日本最古の扇としては、平城京二条大路から出土したものと、東寺の仏像の中から見つかったヒノキの薄板をひもで結んだ檜扇があるといわれる。鎌倉時代には海外に輸出されるようになり、中世末期になると、能、茶道、香道などの専用の扇子も作られた。京扇子の制作工程は多く、分業体制のもと、いずれの工程も専門の職人に施され、美術工芸品としての価値も高い。

33 解答
ウ 五条大橋

4 芸術・文化に関する記述について、最も適当なものをア～エから選びなさい。

問34 藤原定家の孫・為相を祖とする800年の歴史を持つ「和歌の家」はどれか。

ア 有栖川宮家　　イ 冷泉家
ウ 九條家　　エ 閑院宮家

古今有数の歌人で、百人一首の選者として誰もがその名を耳にする藤原定家（テイカとも）（1162～1241）。子孫の代でも歌道を家職とし、揺るぎない地位を保持した。定家の孫の代に、二条家、京極家、冷泉家の3家に分かれたが、二条、京極家はともに室町時代までに断絶。為相を祖とする**冷泉家**のみが800年を経た今日まで、和歌の伝統の継承に尽くしてきた。月次歌会のほか、「乞巧奠」など王朝時代以来の貴重な伝統文化を現代に伝えている。冷泉家住宅（重文）は近世公家屋敷で唯一残る遺構で、昭和56年（1981）、住宅と典籍・古文書類、歌道と関連行事を継承保存するため、財団法人冷泉家時雨亭文庫が設立された。

戊辰戦争で官軍の東征大総督を務めた熾仁親王で知られる**有栖川宮家**は旧宮家。世襲四親王家の一つで、後陽成天皇皇子・好仁親王の代より10代300年続いた。**九條家**は五摂家の一つで、藤原忠通の三男兼実を祖とする。**閑院宮家**も、東山天皇皇子直仁親王に始まる世襲四親王家の一つ。

34 解答
イ 冷泉家

3級 2級 1級

■4 芸術・文化に関する記述について、最も適当なものをア～エから選びなさい。

問35 不審菴と呼ばれる茶室がある茶道家元はどれか。

ア 表千家　　イ 裏千家

ウ 武者小路千家　　エ 藪内家

千利休の子である少庵は、本法寺前の屋敷に千家を再興して「不審菴」「残月亭」などの茶室を設け、利休の道統を受け継いだ。また大徳寺で禅僧として修行していた少庵の長男・宗旦も千家に戻り、少庵とともに千家再興に力を尽くした。その宗旦の三男である江岑宗左（こうしんそうさ）が「不審菴」を継承し、今日に続く茶道の家元が**表千家**である。ちなみに、不審菴はもともと利休が大徳寺門前の屋敷に建てた四畳半の茶室で、宗旦が「床なしの一畳半」に改め、さらに江岑宗左が三畳台目にしたと伝えられる。その扁額は利休参禅の師であった大徳寺の古渓宗陳（こけいそうちん）の筆による。

宗旦の四男・仙叟宗室（せんそうそうしつ）が茶室「今日庵（こんにちあん）」を継いだのが**裏千家**で、**武者小路千家**は同じく宗旦の次男・一翁宗守（いちおうそうしゅ）が武者小路通小川に「官休庵（かんきゅうあん）」を建てたことに始まる。

藪内家（やぶのうち）は武野紹鷗（たけのじょうおう）に茶を学んだ藪内剣仲紹智（けんちゅうじょうち）が、利休から台子皆伝を受けて興した一派で、「雲脚」「燕庵（えんなん）」の各茶室は、それぞれ千利休と古田織部（おりべ）の関係を表すことでよく知られる。

35 解答
ア 表千家

4 芸術・文化に関する記述について、最も適当なものをア～エから選びなさい。

問36 華道・池坊の家元が代々住職を兼ね、本堂前に京都の中心を表すというへそ石がある頂法寺は、通称何と呼ばれているか。

ア 達磨堂　　イ 真如堂
ウ 革堂　　エ 六角堂

六角堂（中京区）は、本堂が六角形をしていることからその名で呼ばれる単立寺院。西国三十三所観音霊場の第十八番札所で、本尊は如意輪観音。現在の本堂は、明治10年（1877）の再建。へそ石＝写真＝は、江戸時代には門前の道にあったことが『都名所図会』などで確かめられるが、明治になって門内に移された。本来の用途については、本堂の礎石や灯籠の台石など諸説ある。

達磨堂（八幡市）は、正式名称を圓福寺という臨済宗寺院。木造達磨大師坐像（重文）を安置する。

真如堂（左京区）は、正式名称を真正極楽寺という天台宗寺院。本尊は阿弥陀如来で、紅葉の名所としても知られる。

革堂（中京区）は、正式名称を行願寺という天台宗寺院。西国三十三所観音霊場の第十九番札所で、本尊は千手観音。開山の行円が鹿の皮（革）を身にまとって布教したことから、革堂の通称が流布した。

36 解答
エ 六角堂

4 **芸術・文化に関する記述について、最も適当なものをア～エから選びなさい。**

問37 京に出た観阿弥・世阿弥父子が、室町幕府三代将軍足利義満に認められるきっかけとなる能を披露した場所はどこか。

ア 花の御所　　イ 新熊野神社
ウ 北山殿　　エ 下鴨神社

観阿弥・世阿弥は、南都（奈良）興福寺に奉仕していた大和猿楽四座のうちの結崎座の出身である。応安7年（1374）、幼い世阿弥を伴って父・観阿弥が猿楽能を催した場所は、京の**新熊野神社**。ここで室町幕府三代将軍・足利義満（1358～1408）に認められ、以来世阿弥は寵愛を受け、京の武家・公家の支援も得て能を大成することができた。

花の御所は通称で、三代義満が永和4年（1378）、室町通今出川北の地に将軍家の邸宅として造営。室町殿と呼ばれ、室町幕府の名はここから生まれた。

北山殿は、同じく三代義満が応永4年（1397）に着工した北山の別荘で、有名な金閣寺（正式には鹿苑寺）はその遺構である。

下鴨神社では近年、室町幕府六代将軍・足利義教や八代将軍・義政の命により行われた糺河原勧進猿楽の再興として、糺勧進能が行われている。

37 解答
イ 新熊野神社

4 芸術・文化に関する記述について、最も適当なものをア～エから選びなさい。

「お豆腐狂言」をモットーに、狂言の普及に努める大蔵流狂言の家はどれか。

ア 茂山千五郎家　　イ 山脇和泉家

ウ 野村又三郎家　　エ 三宅藤九郎家

明治維新後もずっと、京都を拠点に活動を続けている狂言師の家が**茂山千五郎家**で、流派は大蔵流である。茂山家では江戸時代後期の天保年間（1830～44）、九世正乕（初代千作）が近江彦根藩・井伊家に召し抱えられて名を挙げ、茂山千五郎家を確立。また、弟弟子が分家として茂山忠三郎家を立てた。

「お豆腐狂言」は、明治維新を機に多くの狂言師が東京へ移った際、京都に残って狂言普及に努めた十世正重（二世千作）に由来する。「誰からも愛され、飽きられない、お豆腐のような狂言師」として、茂山五郎家の家訓となっている。

山脇和泉家、**野村又三郎家**、**三宅藤九郎家**は、いずれも和泉流の狂言師の家である。江戸時代初期の京都では、和泉流が主となって禁裏御用などで活躍したが、尾張徳川家に召し抱えられた山脇和泉家は元禄期に名古屋を本拠とした。野村・三宅両家は京都に残ったが、明治維新で山脇和泉家とともに東京へ移った。

38 解答
ア 茂山千五郎家

3級 2級 1級

4 芸術・文化に関する記述について、最も適当なものをア～エから選びなさい。

問39 役者の名前をつらねた「まねき（看板）」が師走の風物詩ともなっている南座の顔見世は何の興行か。

ア 落語　　イ 雅楽
ウ 歌舞伎　　エ 文楽

南座（みなみざ）＝写真＝の顔見世（かおみせ）は、**歌舞伎**の興行である。南座は、東京の歌舞伎座、大阪松竹座などと並んで、京都で歌舞伎を観劇できる劇場だ。

歌舞伎発祥の地である京の都には江戸時代、四条河原に7つの常設芝居小屋が建ち並んだ。幕末には北座と南座の2座のみとなり、明治時代中ごろからは南座だけとなった。毎年11月末から12月末まで行われる吉例（きちれい）顔見世興行は、京都では師走の年中行事となっている。「吉例顔見世興行」と銘打たれるのは、江戸時代にはこの時期が歌舞伎俳優の契約更改期にあたり、各座の新しい顔ぶれが舞台でお披露目される慣習があったことから。

落語といえば、誓願寺（せいがんじ）（中京区）五十五世の安楽庵策伝（あんらくあんさくでん）が落語の祖ともいわれる。**雅楽**（ががく）は、京都ではいくつかの神社が雅楽会を主宰し、活動している。**文楽**（ぶんらく）は、京都府立文化芸術会館で3月に人形浄瑠璃（にんぎょうじょうるり）文楽京都公演が行われている。

39 解答
ウ 歌舞伎

4 芸術・文化に関する記述について、最も適当なものをア～エから選びなさい。

問40 「五花街のをどり」のうち、唯一秋に祇園会館で行われる踊りはどれか。

ア 鴨川をどり　　イ 京おどり
ウ 北野をどり　　エ 祇園をどり

京都には現在、祇園甲部、宮川町、先斗町、上七軒、祇園東の五つの花街があり「五花街」と呼ばれている。それぞれの花街の芸妓舞妓は、日々、舞踊や鳴り物をはじめとする芸事に精進している。通常はお座敷で披露される芸能だが、一般にも公開される機会がある。

なかでも「春のをどり」は公演期間も長く、京都の春の風物詩として知られる。3月下旬から開幕する上七軒歌舞会の「**北野をどり**」、4月1日に初日を迎える祇園甲部歌舞会の「都をどり」と、4月第1土曜からは宮川町歌舞会の「**京おどり**」、5月1日からは先斗町歌舞会の「**鴨川をどり**」が、それぞれ地元の会場で開催される。

五花街の中で唯一、11月に催されるのが祇園東歌舞会の「**祇園をどり**」＝写真＝である。舞踊の流儀は藤間(ふじま)流。錦秋の季節にふさわしい華やいだ舞台により、馴染みの客はもちろん、一見の観光客までをも魅了する。会場となる祇園会館では、芸妓舞妓による点前の茶席も設けられる。

40 解答
エ 祇園をどり

5 祭りと行事に関する記述について、最も適当なものをア～エから選びなさい。(41)～(50)

問41 花山天皇が桜をお手植えされた古例により、毎年4月10日に桜花祭が行われる。境内の桜は数十種に及び、夜桜の名所としても知られるこの神社はどこか。

ア 熊野神社　　イ 大原野神社
ウ 野宮神社　　エ 平野神社

4月10日に桜花祭(おうかさい)が行われるのは、**平野神社**(北区)=写真=である。ここは平城京から長岡京を経て、平安京遷都と同時に遷座されたといわれる古社。平安時代より奉納されてきた境内の桜は数十種類にもおよび、珍しい桜が多いことでも知られる。また「平野の夜桜」として、江戸時代から庶民にも夜桜が開放されており、都を代表する花見の名所となってきた。

大原野神社(おおはらの)(西京区(にしきょうく))は、長岡京遷都の際、藤原氏が氏神(うじがみ)である奈良春日社を勧請(かんじょう)したとされる。大原野地区にある大原野神社、勝持寺(しょうじじ)、正法寺(しょうぼうじ)、十輪寺(じゅうりんじ)は、いずれも桜の名所として名高い。

野宮神社(ののみや)(右京区)は、古く伊勢神宮に仕える斎王(さいおう)が伊勢へ旅立つ前に身を清めた斎王宮旧跡。『源氏物語』「賢木(さかき)」巻にも描かれており、嵯峨野で人気の竹林の小径に近い。

熊野神社(左京区)は、平安時代初期に紀州熊野大神を勧請したのが始まり。聖護院(しょうごいん)の守護神でもある。

41 解答
エ 平野神社

5 祭りと行事に関する記述について、最も適当なものを**ア**～**エ**から選びなさい。

問42 京都の三大祭の一つで、5月15日に行われる上賀茂神社、下鴨神社の例祭はどれか。

ア 祇園祭　　**イ** 伊根祭

ウ 葵祭　　**エ** 亀岡祭

京都の三大祭については、正しく理解しておきたい。過去の出題を見ても、三大祭についての出題頻度は相当に高い。

◎**葵祭**（5月15日）上賀茂神社・下鴨神社の例祭
◎**祇園祭**（7月1日～31日）八坂神社の祭礼
◎時代祭（10月22日）平安神宮の大祭

三大祭にはそれぞれの行列や巡行があり、その出発地点と時刻、コースも必須項目である。とくに葵祭では、上賀茂神社と下鴨神社で事前に行われるさまざまな前儀、上賀茂神社の御阿礼神事、下鴨神社の御蔭祭（いずれも5月12日）という神迎えの神事は、祭りを理解するうえで重要となる。

伊根祭は、京都府の丹後半島、海に面した伊根町で約300年の歴史をもつ夏の祭り。海や船が舞台となる。

亀岡祭は、丹波亀山藩の庇護のもと、町衆の祭りとして10月に行われてきた山鉾行事。口丹波の祇園祭といわれる。

42 解答
ウ 葵祭

5 祭りと行事に関する記述について、最も適当なものをア～エから選びなさい。

問43 念仏の布教のために催される民俗芸能である大念仏狂言のうち、「ゑんま堂大念仏狂言」が催される寺院はどこか。

ア 壬生寺　　イ 清凉寺
ウ 引接寺　　エ 神泉苑

京都には三大念仏狂言が伝わっている。念仏の意味を庶民に広めるためのもので、よく知られるのが無言劇といわれる壬生狂言。**壬生寺**（みぶ）で行われる。これは鎌倉時代、円覚（えんがく）上人（1223～1311）が始めたとされ、壬生大念仏狂言のほかに**清凉寺**（せいりょうじ）に伝わる嵯峨大念仏狂言もある。二つは国の重要無形民俗文化財に指定されている。

そして三番目が千本ゑんま堂大念仏狂言＝写真＝で、西陣の千本ゑんま堂こと**引接寺**（いんじょうじ）に伝わる。中断期間もあったが、三大念仏狂言中、一番古い。平安時代中期の寛仁年間（1017～21）、比叡山の定覚（じょうかく）上人が蓮台野に眠る魂の供養のため念仏、また民衆への布教をこめて三大葬送地の一つに引接寺を開き、布教のために始めたのがルーツとされる。壬生や嵯峨の無言劇に対して、こちらは多くがセリフ劇で、笑いに包まれる。

壬生寺では節分と春、秋の年３回、清凉寺では４月と10月、３月お松明（たいまつ）の日など、引接寺では５月１～４日に演じられる。**神泉苑**（しんせんえん）大念仏狂言は、明治時代に始まったもので、11月初旬に３日間行われる。

43 解答
ウ 引接寺

5 **祭りと行事に関する記述について、最も適当なものを ア ～ エ から選びなさい。**

問44 6月20日に、竹伐り会式が行われる牛若丸ゆかりの寺院はどこか。

ア 鞍馬寺　　イ 地蔵院

ウ 三室戸寺　　エ 聖護院

毎年6月20日に行われる竹伐り会式＝写真＝は、鞍馬山の**鞍馬寺**（左京区）が舞台となる。いかめしい僧兵姿の男たちが2人1組で並び、大蛇に見立てた青竹をたち伐る。その速さを競って豊凶を占うという儀式。初夏の風物詩として、ニュースでもよく取り上げられる。鞍馬寺といえば、牛若丸（源義経）が幼くして修行したと伝わる寺であり、牛若丸は鞍馬山に住む鞍馬天狗から武芸を習ったという話も有名である。鞍馬寺に向かう叡山電鉄鞍馬駅前には、長い鼻をもつ真っ赤な大天狗のモニュメントが設えられている。

地蔵院（西京区）は、苔寺として名高い西芳寺の近くにあり、こちらは「竹の寺」と呼ばれている。

三室戸寺（宇治市）は、アジサイ、ツツジ、ハスが美しく、花の寺として人気がある。

聖護院（左京区）は、本山修験宗総本山。京野菜として知られる「聖護院だいこん」の名称は、寺領であった「聖護院村」の地名に由来する。

44 解答
ア 鞍馬寺

5 祭りと行事に関する記述について、最も適当なものをア～エから選びなさい。

問45 祇園祭前祭の山鉾巡行は四条烏丸を出発点に東へ進むが、長刀鉾の稚児が注連縄切りをする場所はどこか。

ア 四条麩屋町　　イ 四条花見小路
ウ 河原町御池　　エ 烏丸御池

祇園祭は、京都三大祭の一つ。祇園祭についてはほぼ毎回出題されるので、平成26年（2014）から復活している前祭（さきまつり）と後祭（あとまつり）の区別、山鉾巡行の出発点・出発時刻とコース、とくに7月17日の前祭巡行で、先頭の長刀鉾（なぎなたほこ）に乗る稚児（ちご）のお務めはチェックしておきたい。

なかでも、稚児一番の見せ場といえるのが注連縄（しめなわ）切りである。これは長刀鉾が**四条麩屋（ふや）町**にさしかかったとき、斎竹（いみたけ）に張られた注連縄を鉾上から太刀（たち）で一刀両断する。

河原町御池（かわらまちおいけ）は、前祭・後祭ともに四条河原町と並ぶ辻回し（つじまわし）を鑑賞できる地点となる。

烏丸御池（からすまおいけ）は、7月24日の後祭巡行の出発地点で、出発時刻は午前9時30分。前祭が四条烏丸を出発する時刻は午前9時なので、30分の差があり、またコースが逆であることを頭に入れておきたい。

四条花見小路（はなみこうじ）は、前祭・後祭とも山鉾は通過しないが、花傘（はながさ）巡行が行き帰りに通過する。

45 解答
ア 四条麩屋町

5 祭りと行事に関する記述について、最も適当なものをア～エから選びなさい。

問46 祇園祭後祭の山鉾の中で、楊柳観音と韋駄天像を祀っているくじ取らずの山はどれか。

ア 白楽天山　　イ 北観音山
ウ 保昌山　　エ 太子山

祇園祭については、くじ取らずに関しても過去たびたび出題されている。山鉾巡行の巡行順は、一般にくじで決めるが、古例により巡行順が決まっており、くじを引かない山鉾がある。これをくじ取らずという。ここで改めて、くじ取らずの山鉾を整理しておこう。

〈前祭〉長刀鉾（先頭）、函谷鉾（５番目）、放下鉾（21番目）、岩戸山（22番目）、船鉾（最後）、以上５基

〈後祭〉橋弁慶山（先頭）、**北観音山**（２番目）、南観音山（６番目）、大船鉾（最後）、以上４基

前祭と後祭で合計９基がくじ取らずである。

問題にされているのは、後祭のくじ取らずであるから、解答は４基中のいずれか。そのなかで楊柳観音坐像と韋駄天立像を安置するといえば、北観音山となる。

設問の欄に並ぶ**白楽天山**、**保昌山**、**太子山**は、いずれも前祭に属する。ちなみに前祭は23基、後祭は復興準備中で唐櫃巡行の始まった鷹山を含めて、現在11基となっている。

46 解答
イ 北観音山

5 **祭りと行事に関する記述について、最も適当なものをア～エから選びなさい。**

問47 時代祭の出発前、京都御所の建礼門前で行われる行在所祭で献花する人々を何というか。

ア 大原女　　イ 桂女
ウ 楽人　　エ 白川女

時代祭も京都三大祭の一つ。10月22日正午に京都御所を出発する時代行列は知られるところであるが、平安神宮の大祭である以上、神事としての神幸(しんこう)祭と還幸(かんこう)祭、京都御所に到着後の行在所(あんざいしょ)祭という神事が行われていることを忘れてはならない。

行在所祭は午前10時半、京都御所の建礼門(けんれいもん)前に設置された行在所で行われ、神饌講社(しんせんこうしゃ)から神饌が、**白川女**(しらかわめ)から花が献じられる。この神饌講社は神饌講社列として、白川女は白川女献花列(けんかれつ)として、行列最後の神幸列(しんこうれつ)に加わっている。

大原女(おはらめ)、**桂女**(かつらめ)は、中世婦人列として働く女性の装束(しょうぞく)を紹介している。大原女は、薪(まき)・炭などを頭にのせて洛中へ売りに出る洛北大原の女性たち。桂女は、髪を桂包(かつらづつみ)という独特の方法で被(おお)い、鮎(あゆ)や飴(あめ)売り、または巫女(みこ)として婚礼や出産に立ち会った洛西桂の女性たち。そして白川女も同様に花売りの装束だが、神事で献花をするので神幸列に入っている。

47 解答
エ 白川女

5 祭りと行事に関する記述について、最も適当なものをア～エから選びなさい。

問48 京都三大奇祭の一つである鞍馬の火祭が行われる神社はどこか。

ア 秋元神社
イ 由岐神社
ウ 県神社
エ 三栖神社

鞍馬の火祭は、**由岐神社**(ゆき)の氏子たちが、由岐神社の祭礼として長い歴史を受け継いでいる祭りである。「サイレイ、サイリョウ」が祭りの掛け声。由岐神社は鞍馬一帯の氏神を祀っており、鞍馬寺まで山道を登るつづら折れの途中にある。拝殿は桃山建築の割拝殿(わりはいでん)で、重文に指定されている。

京の三奇祭とは、鞍馬の火祭（10月22日）のほか、今宮神社のやすらい祭（4月第2日曜）、広隆寺の牛祭（近年は休止が多い）をいう。

秋元神社(あきもと)は、八瀬の里の赦免地踊(しゃめんちおどり)が行われる神社。振り袖の着物で女装した少年たちが切子灯籠(きりこどうろう)を頭に被って行列し、神社に向かう。赦免地とは租税を免除された土地のことで、中世の風流踊りを彷彿(ほうふつ)とさせる不思議な祭りだ。

県神社(あがた)では、宇治で有名な県祭(あがたまつり)が行われる。深夜に暗闇のなかを梵天渡御(ぼんてんとぎょ)することから「暗闇の奇祭」の名がある。

伏見の**三栖神社**(みす)には、古く壬申(じんしん)の乱で大海人皇子(おおあまのおうじ)に炬火(たいまつ)を照らした故実によるとされる炬火祭(たいまつまつり)が伝わっている。

48 解答
イ 由岐神社

3級
2級
1級

5 祭りと行事に関する記述について、最も適当なものを**ア**～**エ**から選びなさい。

問 49 東福寺の塔頭である正覚庵で、字の上達などを願い、毎年11月23日に行われる行事は何か。

ア 人形供養　　**イ** 筆供養
ウ 数珠供養　　**エ** 針供養

設問の欄に並ぶのは、京都市内の寺院で行われ、観光客にも親しまれているさまざまな供養である。

そのなかで古くなった筆に感謝し行われるのは**筆供養**＝写真＝。東福寺の塔頭・正覚庵は江戸時代にはすでに筆塚があった筆の寺。ふだんは非公開であるが、毎年11月23日の筆供養の日には、古い筆でつくられた筆神輿の行列も出て、全国から供養の筆、鉛筆、ペンなどが多数寄せられる。

人形供養はいくつかの寺で行われているが、人形寺として名高い宝鏡寺では、毎年10月14日に人形供養祭が行われる。

数珠供養は、10月10日の「数珠の日」に誓願寺で行われている。また京都珠数製造卸協同組合では、11月23日に赤山禅院で「珠数供養」を行っている。

針供養は、京都では十三まいりで親しまれる嵐山の虚空蔵法輪寺が知られている。毎年２月８日と12月８日の年２回、針供養法要が行われている。

49 解答
イ 筆供養

5 祭りと行事に関する記述について、最も適当なものをア～エから選びなさい。

問50

北野天満宮では、祭神である菅原道真の縁日に「天神さん」として親しまれる市が毎月開催される。１年最後の縁日を「終い天神」というが、それはいつか。

ア 12月21日　　イ 12月23日

ウ 12月25日　　エ 12月31日

京都には、毎月決まった日に開かれる伝統的な市が二つある。この二つは、必ず覚えておきたい。

一つは、設問にある「天神さん」＝写真＝で、北野天満宮（上京区）で毎月25日に開かれる天神市。25日は菅原道真（845～903）の生誕日であり、最期の日でもある。

もう一つは「弘法さん」と親しまれる弘法市。五重塔がそびえる東寺（南区）で、弘法大師空海の命日法要が営まれる毎月21日に市が開かれ、多くの人出でにぎわう。「弘法さんが晴れやったら天神さんは雨や」。４日違いで開催されることから、京都ではこんな俗諺も伝わっている。

そして、どちらの市も、新年１月は「初弘法」「初天神」、１年最後の12月は「終い弘法」「終い天神」と呼ばれ、年末年始の風物詩とされている。ゆえに「終い天神」は**12月25日**、「終い弘法」は**12月21日**である。

12月23日は、矢田寺（中京区）のかぼちゃ供養の日である。

50 解答
ウ 12月25日

6 **京料理、京菓子に関する記述について、最も適当なものを ア ～ エ から選びなさい。(51)～(60)**

問 51 若狭から届くひと塩ものを用い、季節を問わず祭りや行事に欠かせないものはどれか。

ア 鯖寿司（さば）　　イ 鱧落とし（はも）

ウ 鯛の兜焼（たい　かぶとやき）　　エ 鰊蕎麦（にしん）

近畿のほぼ中央に位置する京都市は、海から遠い土地柄。交通や冷蔵保存の発達していなかった昔は、鮮魚を望むことが難しく、わずかに入手できる海の幸に工夫をこらし、京都ならではの料理に仕上げた。

鯖寿司＝写真＝もその一つ。若狭湾で水揚げされた鯖に塩をふった「ひと塩もの」は、鯖（若狭）街道を経て都に届くころに、塩がまわって肉質がしまり旨味を増幅させた。鯖寿司とは、この鯖を寿司飯にのせて昆布で風味を加え、竹の皮でくるんだ棒寿司の名称。調理に手間のかかる鯖寿司は、祭りなど特別の日のご馳走として各家庭で作られてきた。江戸時代中期には鯖寿司の専門店も営業をはじめた。

鱧落とし（はも）は、主に瀬戸内海などから「担ぎ」によって都にもたらされた鱧を「骨切り」という包丁さばきによって調理し、湯引きにした夏場の料理。**鯛の兜焼**（かぶと）は、兜にちなんで端午の節句に供されることも多い。**鰊蕎麦**（にしん）は、北海道で乾物にされた鰊を、水で戻して甘辛く煮て蕎麦にのせたもの。

51 解答
ア 鯖寿司

■6 京料理、京菓子に関する記述について、最も適当なものをア～エから選びなさい。

問52 茶事における一汁三菜を基本とし、茶道とともに発達した料理は何か。

ア 大饗料理　　イ 懐石料理
ウ 精進料理　　エ 本膳料理

茶事で供される料理を**懐石料理**（懐石）という＝イラストはイメージ＝。懐石とは書いて字のごとく、禅院で空腹をしのぐために、温めた石を懐（ふところ）に入れる温石（おんじゃく）の事例に通じる。千利休によって大成されたわび茶の思想に影響を受けた料理であり、茶の湯の発展とともに形成された。一汁三菜の献立を基本とし、季節感を重んじて旬の素材の持ち味を生かし、配膳のタイミングに神経を注ぐなど、亭主による究極のもてなしの料理である。使用する器や料理の盛り付け方の美意識に茶事の趣向が反映される。

大饗料理（だいきょう）（オオアエとも）は平安時代に確立された料理の様式で、貴族の社交儀式などのおりに調えられた。盤上に並べられた皿に、生物や干物などを美しく盛り付けて、各自が塩や酢、醤などの調味料で味付けて食する食事法であった。中国の調理法を取り入れた**精進料理**は、仏教における肉食忌避の宗教観に基づき、野菜や穀類などの植物性の食材で多彩に調理された。室町時代に興った**本膳料理**は本膳を中心とする様式で、昆布と鰹節の出汁（だし）を使うなど、今日の日本料理の基礎を確立させた。

52 解答
イ 懐石料理

6 京料理、京菓子に関する記述について、最も適当なものをア～エから選びなさい。

問53 赤貝ととり貝のてっぱいや、ばら寿司、引千切、菱餅、白酒などで祝う行事は何か。

ア 節分祭　　イ 雛祭り
ウ 祇園祭　　エ 瑞饋祭

京都には祭礼に合わせて調えられる行事食が伝承されている。**雛祭り**には貝を使った料理が多く、赤貝やトリ貝にワケギを辛子酢味噌で和えたてっぱい（鉄砲和え）、ハマグリやシジミの澄まし汁、シジミの煮物、タニシの和え物などがある。貝料理以外の雛祭りの献立としては、ばら寿司や干しガレイが定番。雛壇には紅、白、緑の三色の菱形の餅を重ねた菱餅や雛あられが飾られる。京都特有の雛菓子としては、引きちぎったように形作られる引千切（ひちぎり）がある。引千切は平安時代の「戴餅（いただきもち）」に通じるとされる。

節分祭には焼いた塩鰯を食べる。鬼は鰯を焼くときに発する匂いや煙が苦手だとされる。鰯の頭は、柊の小枝に刺して玄関に掲げておくと、鬼払いになるという。**祇園祭**は「鱧祭り」ともいわれ、鱧落しや鱧寿司などの鱧料理で客をもてなす。**ずいき祭**（瑞饋祭）は北野天満宮の秋の祭礼。ズイキ（芋茎）とは里芋の茎のことで、干したズイキで神輿の屋根を葺くところから名付けられた。神輿には野菜や穀類、乾物などが飾られている。

53 解答
イ 雛祭り

6 京料理、京菓子に関する記述について、最も適当なものを**ア**～**エ**から選びなさい。

問 54

正月を祝うお節料理の中で重要な料理を「三種」という。京都で「三種」といえば、ごまめ、たたき牛蒡とあと一つはどれか。

ア 数の子　　イ にらみ鯛

ウ 丸小餅　　エ 七草粥

お節料理は、自然の恵みに感謝し、豊作などを願って神に捧げる「御節供（節供料理）」をルーツとするとされている。今日では、神人共食の心を残しつつ、重箱に詰めた正月料理をさすようになっている。

お節料理の重箱の一の重には、祝い肴の「三種」などを盛りつける。三種とは**数の子**、ごまめ、たたき牛蒡をさし、一つひとつに願いが込められている。数の子は子孫繁栄を、ごまめは材料の鰯が田んぼの肥料になっていたことにちなんでいるとの一説から五穀豊穣を、たたき牛蒡は「土中に根をはる牛蒡のように」と家内安泰を、それぞれ料理に反映させている。

にらみ鯛とは、尾頭付きの鯛を塩焼きにして、正月三が日は箸をつけないで飾っておく古習。京都の雑煮は**丸小餅**を用いた白味噌仕立てが定番である。7日に**七草粥**をいただくのは、平安時代からの「若菜摘み」の風習によるもの。細かく刻んだセリやナズナなど春の七草を加えた清々しい粥だ。

54 解答
ア 数の子

6 京料理、京菓子に関する記述について、最も適当なものをア～エから選びなさい。

問 55

魚介の生臭さを消したり、体を温めたりする効果があり、近年はラーメンの具材としても人気の京野菜はどれか。

ア 花菜　イ じゅんさい
ウ 壬生菜　エ 九条ねぎ

明治時代以前に京都に導入、栽培された歴史を有するなどの基準を満たす野菜は「京の伝統野菜」に認定される。京の伝統野菜の中でも、**九条ねぎ**＝写真（提供〈公社〉京のふるさと産品協会）＝は全国に知られている青ねぎの品種。緑の葉にはカロチンやビタミンBを多く含み、体を温める効果がある。柔らかな葉の内部にぬめりがあり、甘味と香りに富み、味噌汁やラーメンの薬味以外にも、すき焼きや鴨鍋、ねぎ鍋、和え物などに使われている。

九条ねぎは品質的にも量的にも特に優れた「ブランド京野菜（京のブランド産品）」にも認証されている。同じく、**壬生菜**（京壬生菜）も京の伝統野菜・ブランド京野菜として認められた農産物。ビタミンCと食物繊維が豊富で、おばんざいや漬物として利用される。京都で採取されることの減った**じゅんさい**も京の伝統野菜の一つ。**花菜**は京の伝統野菜に準じるもので京のブランド産品に認証されている。βカロチンやカルシウムに富み「菜の花漬け」でお馴染み。

55 解答
エ 九条ねぎ

6 京料理、京菓子に関する記述について、最も適当なものをア～エから選びなさい。

問56 近代になり一般に普及した食べ物で、京都は世帯あたりのその消費量で全国トップクラスにある。特に朝食で、コーヒーとともによく目にするその食べ物とは何か。

ア パン　イ 餃子
ウ 蕎麦　エ 豆腐

総務省統計局の家計調査の「品目別都道府県所在市及び政令指定都市ランキング」（2016年～2018年平均）によると、京都市は**パン**にかける一世帯あたりの支出金額が全国第2位になっている。パン人気の要因の一つは、京都人の気質にも関係していると思われる。京都は伝統の町である一方、新しい文化を享受する地でもあり、ハイカラなサブカルチャーを楽しむ一面がある。パンにつきもののコーヒーの嗜好も根付いていて、人々は喫茶店に早くから馴染んでいた。また一流の商品に囲まれた京都では、パンの専門店のレベルも高い。個人経営のこだわりのあるパン屋が数多くみられる一方で、海外の有名店の出店も。京都はパンの需要に勝る供給の地でもあるのだ＝写真はイメージ＝。

総務省の同調査で意外なのは、京都が**餃子**の一世帯あたりの支出金額で全国第3位にランクインしていることだ。

56 解答
ア パン

6 京料理、京菓子に関する記述について、最も適当なものをア～エから選びなさい。

問57 新芽が出るまで古い葉を落とさないとされる葉で包み、子孫繁栄を願って、端午の節句に用いられる菓子は何か。

ア 鳩餅
イ あぶり餅
ウ さくら餅
エ かしわ餅

端午の節句にいただく菓子といえば、**かしわ餅**＝写真＝と粽(ちまき)。かしわ餅は餡入りの餅を柏の葉でくるむ。かしわ餅を端午の節句に食べる理由として、新芽が出るまで落葉しない柏の木にちなんで、子孫繁栄への願掛けとしたからだといわれている。また柏の葉には魔除けの意味もあり、厄払いの効果も期待されたのかもしれない。かしわ餅は江戸時代より作られており、味噌餡や小豆餡を、うるち米で作られる上新粉の餅で包んでいたものが多かった。京都では今もなお、こし餡以外に味噌餡のかしわ餅が作られていて、中の餡の違いを柏の葉の裏表で表すこともある。

しんこ製の**鳩餅**は神社ゆかりのお菓子。三宅八幡宮の神の使いである鳩の形をしている。**あぶり餅**は今宮神社の門前菓子で、疫病除けの神饌に由来する。串に刺した餅に白味噌だれをかける。**さくら餅**は塩漬けの桜の葉でくるんだ季節菓子。京都のさくら餅の特徴は、道明寺製の餅であることだ。

57 解答
エ かしわ餅

6 京料理、京菓子に関する記述について、最も適当なものをア〜エから選びなさい。

問58 大豆を煎って粉にし、飴などを混ぜて練り上げたお菓子を何と呼ぶか。

ア 金平糖　　イ 唐板
ウ 洲浜　　エ 羊羹

浅煎りした大豆を製粉したものがきな粉。きな粉に砂糖と水飴を加えて練り合わせて成形した和菓子を**州浜**＝写真＝という。海上に浮かぶ小島が干潮で三方に砂洲を現した姿を洲浜といい、この棹（さお）菓子の切り口がその様子にみえることからその名が付いた。洲浜が有名になったことで、材料のきな粉も、きな粉で作られた菓子にも「州浜粉」あるいは「洲浜」の言葉が使われるようになった。洲浜を製菓し続けてきたのは、明暦3年（1657）創業の「植村義次」。近年、残念ながら植村義次は閉店したが、主人から製法を伝授された人物が、同店の場所に「すはま屋」を開店し、洲浜の伝統を守っている。州浜の生地で松葉などを表現したものは、茶会の干菓子として供されている。

金平糖はポルトガル伝来の南蛮菓子。現在、京都ではさまざまな風味の金平糖が作られている。**唐板**は上御霊神社の門前菓子で、千年以上もの歴史を持つ。**羊羹**は中世に中国から伝わった点心より始まって、蒸し羊羹や練り羊羹へと発達した。

58 解答
ウ 洲浜

6 京料理、京菓子に関する記述について、最も適当なものをア～エから選びなさい。

問59 民間伝承として伝わる幽霊子育飴が門前名物であり、小野篁が冥途（めいど）通いをした伝説が伝わる寺院はどこか。

ア 方広寺　　イ 六道珍皇寺

ウ 薬師院　　エ 化野念仏寺

平安時代初期の文人閣僚である小野篁（おののたかむら）は、閻魔（えんま）大王の冥官を務めた伝承がある。

『今昔物語集』や『江談抄（ごうだんしょう）』には閻魔庁にて恩人を蘇生させた説話が掲載されている。洛東の**六道珍皇寺（ろくどうちんのうじ）**＝写真＝の境内には、篁が冥界へ通うのに使った古井戸がある。この寺は鳥辺野（とりべの）という葬送地の入り口にあり、あの世とこの世の境目とされ六道の辻と呼ばれた。死後に墓場で赤子を生んだ女が幽霊（ゆうれい）となり、飴で子育てするという葬送地らしい伝説を伝えるのが、幽霊子育飴（こそだてあめ）である。

方広寺には、豊臣家滅亡のきっかけとなった梵鐘がある。「国家安康（こっかあんこう）　君臣豊楽（くんしんほうらく）」という銘が徳川家を呪うとされ、大坂冬の陣の引き金となった。**薬師院**は織田信長により美濃国の医（い）徳（とく）院から移された薬師如来を安置する。疫病から人々を救った霊験が伝えられ、こぬか薬師と呼ばれてきた。**化野念仏寺**は洛西の葬送地・化野（あだしの）にあり、弘法大師が無縁仏を供養するために建立した五智山如来寺（ごちざんにょらいじ）を前身とする。一帯から出土した数多の石仏を並べ供養した賽（さい）の河原（かわら）があり、千灯供養が行われる。

59 解答
イ 六道珍皇寺

6 京料理、京菓子に関する記述について、最も適当なものをア～エから選びなさい。

問60 北野天満宮の門前名物である長五郎餅を賞賛し、名付けたと伝わる武将は誰か。

ア 織田有楽斎　　イ 徳川家光
ウ 豊臣秀吉　　エ 前田利家

今から約400年前の天正年間（1573～92）のことである。北野天満宮の縁日に決まって一人の老人が現れ、薄い皮で餡（あん）を包んだ上品な餅を売るようになり、その味わいは次第に評判となっていった。ある人が老人に名前を尋ねたところ、「河内屋長五郎（かわうちやちょうごろう）」と名乗ったという。

天正15年（1587）10月1日、九州平定を終えた**豊臣秀吉**（1537～98）は、北野天満宮とその社頭の松原で大きな茶会を催した。茶の心得のあるものであれば、年齢や身分に関係なく参加が許されたこの茶会は、後世「北野大茶会」と呼ばれることとなる。長五郎も仲間に誘われて茶屋を出し、ここで秀吉に自分の作った餅を献上したところ、秀吉はその味をいたく気に入り、「以後『長五郎餅』と名乗るべし」と命じたという＝写真は長五郎餅＝。

織田有楽斎（うらくさい）（1547～1621）は織田信長の弟で、利休七哲の一人。建仁寺塔頭の正伝院に名席「如庵（じょあん）」を建てた人物である。その写しである「水月亭（すいげつてい）」が同じく建仁寺塔頭・両足院にある。日本に饅頭を伝えた中国の僧、林浄因（りんじょういん）ゆかりの寺院である。

60 解答
ウ 豊臣秀吉

7 ならわし、ことばと伝説、地名に関する記述について、最も適当なものを ア～エ から選びなさい。(61)～(70)

問61 八坂神社の紋と輪切りの切り口の模様が似ていることから、祇園祭の間、祭の関係者などは口にしないといわれる野菜は何か。

ア なす　　イ みょうが
ウ きゅうり　　エ ごぼう

「祇園さん」として親しまれている八坂神社の神紋は、五瓜に唐花紋。「五木瓜」とも呼ばれて、五弁の花のような木瓜の枠の内側に、同じく五弁の唐花が開いた意匠である。

これが何に似ているかというと、**きゅうり**を輪切りにしたときの切り口＝イラストはイメージ＝。そこで、八坂神社の祭礼である祇園祭の期間中、すなわち７月ひと月間、祭りに携わる関係者らはきゅうりを口にしないともいわれている。

しかし、これには実はさまざまな説があって、祇園祭の祭神として祀る牛頭天王はきゅうりが大好物で、だから口にしないとか、あるいは全国の牛頭天王ゆかりの神社を見渡すと、初成りのきゅうりは牛頭天王への供物として川に流すという地域もあるようだ。きゅうりの切り口説は俗伝ともいわれるが、いずれにしても古い時代から、牛頭天王ときゅうりについてはさまざまな言い伝えがあったことがわかっている。

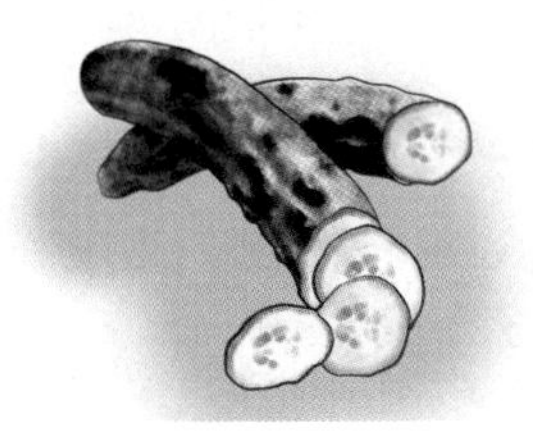

61 解答
ウ きゅうり

問62 お迎えした神様を掃き出すことになるので、ある時期に、ほうきを使って掃除をしないという風習があるが、いつの時期か。

ア お正月　　イ お盆
ウ 七夕　　エ お彼岸

年末にすす払いや大掃除をして一年間の汚れをきれいさっぱりと落とし、生まれ変わったようなまっ白な、清々しい気持ちで元旦を迎えるのが古来、日本人の**お正月**の迎え方であった。こうして歳神様（としがみさま）を迎えるのだから、新年早々にほうきを持つ必要もないし、また掃き出す意味をもつほうきを手にするのは、歳神様に限らず客人に対して失礼なこと。あるいは、せめてお正月くらいは家事に追われることなく、のんびりしてくださいという心づかいが込められているようでもある。お正月三が日は歳神様をお迎えして、お屠蘇（とそ）もおせち料理も、神との共食の意味が込められているといわれている。

こうしてお正月には家々に歳神様をお迎えするのに対して、**お盆**にお迎えするのは先祖の霊。京都ではお盆に戻ってくる精霊（しょうりょう）のことを「おしょらいさん」と呼ぶ。

七夕行事としては、京都では和歌の家・冷泉家（れいぜいけ）に伝わる乞巧奠（きっこうてん）が有名である。

62 解答
ア お正月

7 ならわし、ことばと伝説、地名に関する記述について、最も適当なものを ア〜エから選びなさい。

問63 京ことばの「ハンナリ」とはどういう意味か。

ア 野暮ったい　　イ 上品で明るい
ウ つまらない　　エ ゆっくりと

京ことばの「ハンナリ」は、ひらがなで「はんなり」と書くほうがふさわしいだろうか。「はんなり」は京ことばという以上に、京都を感じさせるイメージフレーズのようになって、雑誌やテレビなどの京都特集でよく用いられている。

では、その意味はというと、**上品で明るい**イメージ。はなやかで、すかっとして晴れやかで、洗練された雰囲気、といおうか。「はんなり」は「花（華）なり」に語源があるといわれ、主に色合いについて、とくに着物や帯の色合いを表すときによく使われる。「この着物、はんなりした色合いで素敵やわあ」「はんなりした、ああいう帯が好きどす」などと用いる。

「**野暮**(やぼ)**ったい**」を京ことばでいうと「もっさい」。「**つまらない**」は「しょうもない」。「**ゆっくりと**」は「そーろと」。これらは現在も、日常的によく使われている京ことばである。

63 解答
イ 上品で明るい

7 ならわし、ことばと伝説、地名に関する記述について、最も適当なものをア～エから選びなさい。

問64 京ことばの「セングリ」とはどういう意味か。

ア ありがとう　イ まずい
ウ だめだ　エ 次から次へと

京ことばで「セングリ」といえば、**次から次へと**、順々に、という意味である。これを漢字で書けば「先繰り」。先から先へと、すなわち順々に送り動かすことを表すことばで、「セングリセングリ」と重ねて使うことも多く、「セングリセングリ用事ができて」などと言う。

ありがとう、は「おおきに」。**だめだ**は「あかん」。これらは京ことばの基本中の基本といえる。

まずいを京ことばでいえば「あじない」。食べものがおいしくないことで、まずいというときつい感じがすると京都人は感じているのだろうか。

3級
2級
1級

64 解答
エ 次から次へと

7 ならわし、ことばと伝説、地名に関する記述について、最も適当なものを ア～エ から選びなさい。

問65 鬼に強いといわれ、京町家の小屋根に祀られる風習がある魔除けの置物は何か。

ア 布袋　　イ 大黒
ウ 鍾馗　　エ 酒呑童子

京町家の小屋根に見られる**鍾馗**（しょうき）さん＝写真＝の小像は、京都を中心に滋賀県、奈良県などの古い家並みでも見かけるようだ。「鬼より強い」とされる鍾馗さんは、いかつい顔とひげ面が特徴。日本の民家では一般的に鬼瓦を魔除けとするのに対して、京町家では、瓦製の鍾馗像を小屋根などに飾る。鍾馗像を魔除けとするのは中国伝来の風習で、それがいつ伝わったのかは定かではないが、江戸時代には洛中で、鍾馗さんを飾って病が治ったとの逸話も伝わっている。

布袋（ほてい）さんは、2月初午（はつうま）の日に伏見稲荷大社を参拝して買って帰る。毎年買い足して、おくどさんの荒神（こうじん）棚に小さいものから大きいものへと順に並べるのが京都のならわしだ。

大きな袋と打ち出の小槌を持った**大黒**（だいこく）さんもまた、厨房の神様として台所に祀られる。

65 解答
ウ 鍾馗

7 ならわし、ことばと伝説、地名に関する記述について、最も適当なものを ア～エから選びなさい。

問66 妊婦が身に着ける岩田帯という腹帯は、お産の軽い動物にあやかって、妊娠5ヵ月目の何の日から巻くか。

ア 丑　　イ 寅
ウ 酉　　エ 戌

宮中では、**戌**の日に着帯の儀が行われた。『山槐記』には、「治承2年（842）6月28日、建礼門院が安徳天皇を御懐妊し5カ月にあたるので御着帯の事あり」と記述されている。帯は練絹で、衣筥に入れ僧侶の加持をうけ吉方に向かい夫に結んでもらうのが通例で、高倉天皇が清涼殿の昼御座において腹帯を結んだとある。安産祈願で有名な社寺では、戌の日に腹帯が授与されている。わら天神こと敷地神社（北区）では、安産のお守りとして藁が授けられ、節があれば男の子、なければ女の子が生まれるという信仰がある。染殿地蔵（中京区）は、文徳天皇皇后・染殿皇后が祈願し、清和天皇を御懐妊された故事から安産信仰が広まり、全国から腹帯を授かりに来る。

地主神社のおかげ明神後方の「いのり杉」は、**丑**の刻まいりに使われた杉をご神木としている。鞍馬寺は本尊の一尊・毘沙門天の使いである虎（**寅**）が大切にされ、狛虎が置かれている。全国の酒蔵業者の信仰を集める松尾大社では、酒造りが完了する春の**酉**の日に醸造感謝祭として中酉祭が行われる。

66 解答
エ 戌

7 ならわし、ことばと伝説、地名に関する記述について、最も適当なものを ア～エから選びなさい。

問67 「鴨川の水、双六(すごろく)の賽(さい)、山法師」とは思うようにならないことの例えだが、これを口にしたとされるのは誰か。

ア 白河法皇　　イ 鳥羽法皇
ウ 亀山法皇　　エ 花園法皇

白河法皇（1053～1129）は、堀川、鳥羽、崇徳(すとく)の三代天皇御世に院政を行い、43年間にわたり治天(ちてん)の君として権力を掌握した。法皇には「天下三不如意(てんかさんふにょい)」と伝えられる意にままならぬものがあった。『平家物語』巻一願立には、「鴨川の水、双六の賽(さい)、山法師、是ぞわが心にかなわぬもの」と嘆いたことが書かれている。

鳥羽天皇（1103～56）は、祖父・白河法皇崩御後に崇徳、近衛(このえ)、後白河の三代の天皇御世に28年間の院政を行った。崇徳上皇と対立し、後の保元の乱の要因をつくった。

亀山天皇（1249～1305）は、同母兄・後深草上皇をさしおいて嵯峨御所（大覚寺）にて院政をしいて大覚寺統をおこし、後深草上皇の持明院統(じみょういんとう)との対立の発端をつくった。

花園法皇（1297～1348）は、鎌倉幕府が定めた大覚寺・持明院統の皇位相互継承に翻弄されるなか、学問に精進し禅宗に帰依し、花園離宮を妙心寺として改めた。

67 解答
ア 白河法皇

7 ならわし、ことばと伝説、地名に関する記述について、最も適当なものを ア～エから選びなさい。

問 68

京都では通り名を覚えやすいように歌にしてきた。東西に走る通り名で、「丸竹夷二押御池　姉三六角」の次に来る通りはどれか。

ア 松原通　　イ 蛸薬師通
ウ 錦小路通　　エ 高辻通

この京の通り名歌は、京都を訪れるのであれば、ぜひとも覚えておきたい。京都のまちなかを実際に歩くとき、あるいはまちなかの地理を考えるうえで、「まるたけえびすに～」が頭に入っていると必ずや役に立つ。昔から京都の人もまた、こうして覚えてきたのである。

通り名は「丸・竹・夷・二・押・御池、姉・三・六角・蛸・錦、四・綾・仏・高・松・万・五条～」と九条(くじょう)または十条通まで続くが、五条より南は時代の変化によってさまざまな歌い方がある。解答は「あねさんろっかくたこにしき～」と歌うので、**蛸薬師通**(たこやくしどおり)＝写真は堀川蛸薬師付近＝である。

ちなみに京の通り名歌は、前述の東西の歌のほかに南北に走る通り名歌もある。「寺(てら)・御幸(ごこ)・麩屋(ふや)・富(とみ)～」と、寺町通(てらまちどおり)、御幸町通(ごこまちどおり)、麩屋町通(ふやちょうどおり)、富小路通(とみのこうじどおり)と続くのだが、東西の通り名歌ほどには知られていないといえる。なお、南北の通り名歌にもさまざまなものがあるようだ。

68 解答
イ 蛸薬師通

7 ならわし、ことばと伝説、地名に関する記述について、最も適当なものをア～エから選びなさい。

問69 古歌にも詠まれ平安時代から親しまれてきた道の名前で、現在は梅宮大社から有栖川、山越、広沢池のあたりの一帯に石の道標が立てられている道の名称はどれか。

ア あじろぎの道　　イ ねねの道
ウ 半木の道　　エ 千代の古道

千代の古道＝写真は千代の古道碑＝は、双ヶ丘から広沢池の南を通り、大覚寺に通じたという道。天皇や貴族が嵯峨を訪れる際に利用された道とされ、在原行平が「嵯峨の山 御幸絶えにし芹川の 千代の古道あとはありけり」という歌を残している。

あじろぎの道は、宇治の平等院から宇治川左岸沿いに続く小道。歌枕「宇治の網代木」にちなんで名付けられた。『源氏物語』の「宇治十帖」をテーマにしたまちづくりの一環として、宇治市が平成5年（1993）に整備した。

ねねの道は、二年坂、産寧坂に続き、途中から石塀小路につながる情緒ある石畳の小道。豊臣秀吉の正室・北政所ねねが、秀吉の没後、高台寺の圓徳院で晩年を過ごしたことから名付けられた。

半木の道は、北山通と北大路通の間にある、京都府立植物園の西側に沿った桜並木で有名な散歩道。その名は、府立植物園内にある半木神社に由来するとされる。

69 解答
エ 千代の古道

7 ならわし、ことばと伝説、地名に関する記述について、最も適当なものを ア～エから選びなさい。

問70 天智天皇の山科陵に由来し、京都市営地下鉄東西線の駅名にある地名はどれか。

ア 神足　　イ 御陵
ウ 納所　　エ 六地蔵

御陵は「みささぎ」と読む＝写真は御陵駅＝。この付近は中世から近世にかけて「御陵村」であった。天智天皇は小倉百人一首の第1番の歌「秋の田の かりほの庵の苫（とま）をあらみ わが衣手は 露にぬれつつ」を詠んだ。この天智天皇陵は上円下方墳で、下段方形部は1辺約70メートル、上円部は直径約40メートル、高さ約8メートルで、上円部は截頭八角錐（せっとうはっかくすい）とされている。

神足は長岡京市東部の地名で「こうたり」と読む。室町時代には神足城があった。現在のJR京都線長岡京駅は、平成7年（1995）に改称されたもので、最初は神足駅としてつくられた。

納所は「のうそ」と読む、伏見区の地名。淀殿ゆかりの淀城があった場所。この「淀」という地名は、桂・宇治・木津の三川合流地点の北側にあり、川底が深いため淀むことから付いた。

地下鉄の駅で唯一、京都市外にある東西線の**六地蔵**駅は、宇治市に立地し、JRと京都市営地下鉄が連絡する駅である。

70 解答
イ 御陵

8 京都の世界遺産「古都京都の文化財」に関する記述について、(　　　) に入れる最も適当なものをア～エから選びなさい。(71)～(80)

問71 本殿（国宝）が最古の神社建築である（　　　）は、境内に宇治七名水の一つ桐原水が湧いている。

ア 県神社
イ 宇治神社
ウ 宇治上神社
エ 橋姫神社

宇治上神社の建築様式は流造（ながれづくり）。流造とは全国的にもっとも多く流布する形式。本殿は現存する日本最古の神社建築といわれ、世界文化遺産に登録されている。

桐原水（きりはらすい）は宇治七名水の一つで、現在唯一湧水しているところである。社殿の背後にある大吉山からの水脈であろう地下水が手水舎の中に湧き出ている。

古くは宇治上神社を「離宮上社」、隣接する**宇治神社**を「離宮下社」と呼び、この両社を合わせて宇治離宮明神（八幡宮）と総称したともいわれている。

県神社（あがた）は平等院の西側に位置する神社で、祭神は木花開耶姫（このはなさくやひめ）。別名を「神吾田津姫（かんあたつひめ）」といい、社名はここから出たとも、宇治の守護神として祀られたからともいわれる。平等院創建の際に鎮守社となった。6月5日の深夜から翌日未明にかけて行われる例祭の県祭は暗闇の奇祭として知られている。

橋姫神社（はしひめ）は現在、宇治橋の西詰近くに建つが、元来は宇治橋中央に張り出した三の間に鎮座していた宇治橋の守護神。

71 解答
ウ 宇治上神社

8 京都の世界遺産「古都京都の文化財」に関する記述について、（　　）に入れる最も適当なものをア～エから選びなさい。

問72 上賀茂神社では、重陽神事に続き、刀禰（とね）が弓矢を持って横跳びし「カーカーカー」、「コーコーコー」と応じるユニークな儀式や、子どもたちによる取組が奉納される（　　）が行われる。

ア 裸踊り　　イ 仏舞
ウ 亥子祭　　エ 烏相撲

烏相撲（からすずもう）＝写真＝は、祭神である賀茂別雷大神（かもわけいかづちのおおかみ）の外祖父・賀茂建角身命（かもたけつぬみのみこと）が神武東征の際に八咫烏（やたがらす）となって神武天皇の先導を務めたことと、五穀豊穣を祈る相撲行事が結び付いたもの。

裸踊りは、京都市伏見区日野の法界寺で1月14日に行われる修正会（しゅしょうえ）の結願（けちがん）行事。下帯のみの信徒の男性たちが足を踏み鳴らし、頭上で手をたたいて「頂礼（ちょうらい）、頂礼」と連呼し、体をぶつけ合って踊りを奉納する。

仏舞（ほとけまい）は、舞鶴市の松尾寺（まつのおでら）で、毎年5月8日の花祭りの一環として奉納される。本堂内の舞台で大日如来、釈迦如来、阿弥如来の光背のついた金色の仏面をそれぞれ2人ずつ6人の舞人がかぶり、越天楽（えてんらく）の曲に合わせて典雅な舞を繰り返す。

護王神社で毎年11月1日に行われる**亥子祭**（いのこさい）は、平安時代に宮中で行われていた年中行事「御玄猪（おげんちょ）」を再現した祭り。

72 解答
エ 烏相撲

8 **京都の世界遺産「古都京都の文化財」に関する記述について、(　　　)に入れる最も適当なものをア～エから選びなさい。**

問73 東寺は嵯峨天皇が弘法大師（　　　）に下賜し、真言密教の道場となった。

ア 日蓮　　イ 空海
ウ 一遍　　エ 法然

東寺真言宗の総本山である東寺＝写真は南大門＝は、延暦13年（794）の平安京遷都の折、都の南の玄関口にあたる羅城門の東に建立、同じく西側に建てられた西寺と対をなし、王城鎮護の二大官寺として伽藍（がらん）の造営が進められた。弘仁14年（823）、嵯峨天皇より**空海**（弘法大師）（774～835）に下賜され、真言密教の根本道場となって大いに栄えた。空海没後、一時衰退したが、宣陽門院や後醍醐天皇などの支援により復興、その後も数々の盛衰を重ねて今日に至っている。

境内の主要な建造物は、金堂（国宝）が慶長8年（1603）、豊臣秀頼の再建。創建時の規模を維持し、本尊の薬師三尊像（重文）を祀る。室町時代に再建された講堂（重文）には、密教の教えを視覚的に表した羯磨（かつま）曼荼羅の世界が21体の仏像（国宝16体、重文5体）により表現された立体曼荼羅（まんだら）があり、五智如来像5体、五大菩薩像5体、五大明王像5体、梵天（ぼんてん）・帝釈天（たいしゃくてん）像、四天王像4体が存在感を示している。毘沙門堂は都七福神めぐりの札所でもある。

73 解答
イ 空海

8 京都の世界遺産「古都京都の文化財」に関する記述について、(　　　)に入れる最も適当なものをア～エから選びなさい。

問 74

清水寺は坂上田村麻呂が夫人とともに（　　　）を本尊とし、お堂を建てたのが始まりといわれる。

ア 千手観音　　イ 地蔵菩薩

ウ 薬師如来　　エ 多聞天

清水寺の起こりは、奈良で修行を積んだ僧・賢心が霊夢に導かれて清水の地に至り、音羽の滝のほとりに住む仙人・行叡(ぎょうえい)から聖地を託されたことに始まる。この後、同地に鹿狩りに来て殺生を戒められた坂上田村麻呂(さかのうえのたむらまろ)が、観音菩薩の功徳を説く賢心に感銘して、宝亀11年（780）に**千手観音**を祀るお堂を造営。弘仁元年（810）には嵯峨天皇から宸筆(しんぴつ)を賜って鎮護国家の道場となり、清水寺を名乗るようになった。中世の兵火などで諸堂の焼失が相次ぐが、寛永10年（1633）、徳川家光により再興。「清水の舞台」で知られる本堂（国宝）など諸堂の多くが同時期の建造で、本堂の舞台は檜(ひのき)板張りで面積約190平方メートル、高さは約13メートル。内々陣に安置される本尊の十一面千手観音立像＝写真は御前立＝は鎌倉時代中期作の檜の寄木造で、左右の腕を頭上高く上げ化仏をいただく姿で「清水型観音」と呼ばれる。

昭和40年（1965）に興福寺の末寺から、北法相宗本山として独立。近年では「今年の漢字」で注目を浴びている。

74 解答
ア 千手観音

3級
2級
1級

8 京都の世界遺産「古都京都の文化財」に関する記述について、(　　)に入れる最も適当なものをア～エから選びなさい。

問75 (　　)は、藤原頼通が父・道長の別荘であった宇治殿を寺としたのが始まりとされ、藤原一族の栄華を今に伝えている。

ア 相国寺　イ 東福寺
ウ 平等院　エ 醍醐寺

藤原頼通(よりみち)は永承(えいしょう)7年(1052)、父・道長の別荘であった宇治殿を寺に改め、本尊に大日如来を祀って、**平等院**(びょうどういん)と称した。この年は仏教でいう末法の初年にあたり、末法思想の影響を受けて極楽往生を強く願う浄土信仰が広まった時期で、翌年には阿弥陀堂(鳳凰堂)が落慶、当代随一の仏師・定朝(じょうちょう)の手による阿弥陀如来坐像が安置され、現世の極楽浄土を思わせる壮麗な堂塔伽藍が姿を現した。その後、中近世の兵火により衰微するが、近現代に入ると、鳳凰堂の保全運動が活発化するなど、支援の動きが広まり、鳳凰堂は明治、昭和、平成の大修理を経て、往時の輝きを取り戻すまでになっている。

本尊の阿弥陀如来坐像(国宝)は平安時代後期に造られた定朝の傑作。雲中供養(うんちゅうくよう)菩薩像52体(国宝)も同時代の作で、定朝が自ら腕を振るったものが含まれる可能性も。ほかにも数々ある寺宝が境内のミュージアム・鳳翔館(ほうしょうかん)に収納され、折々に展示公開されている。

75 解答
ウ 平等院

8 京都の世界遺産「古都京都の文化財」に関する記述について、（　　）に入れる最も適当なものをア～エから選びなさい。

問76 明恵ゆかりの茶園を持つ（　　）は、「鳥獣人物戯画」（国宝）を所蔵している。

ア 東本願寺　　イ 銀閣寺

ウ 延暦寺　　エ 高山寺

明恵（みょうえ）上人は承安（じょうあん）3年（1173）に生まれ、8歳で父母を亡くすと、神護寺の文覚（もんがく）上人の導きで出家、東大寺で華厳、勧修寺では密教の教義を学び、建永元年（1206）に後鳥羽院から栂尾（とがのお）の寺を賜って、**高山寺**（こうさんじ）の名で再興した。華厳と真言密教を融合した独自の宗教観を打ち立てると、戒律の護持と実践的な修行を何より重んじ、生涯それを貫いた。また、禅の教学にも深い理解を示し、親交のあった栄西（えいさい）（ヨウサイとも）禅師から譲り受けた茶の実を山内に植えて、衆僧に飲茶を奨励、それより栂尾の茶苗が全国に広まったのだという。最初の茶園は清滝川対岸にあったとされるが、今も境内地には茶園が設けられ、「日本最古の茶園」の石碑が建つ。

寺の境内は国の史跡に指定され、所蔵の文化財も国宝8点、重文は約1万点にのぼる。なかでも名高いのが「鳥獣人物戯画」全4巻で、擬人化された動物、表情豊かな人物像が軽妙なタッチで描かれる。長く鳥羽僧正作と伝えられてきたが、近年は複数の作者で作り継いだとの見方が有力になっている。

76 解答
エ 高山寺

8 **京都の世界遺産「古都京都の文化財」に関する記述について、(　　　)に入れる最も適当なものをア～エから選びなさい。**

問 77

天龍寺の開山(　　　)は、嵐山と亀山を借景とした石組が特徴的な曹源池庭園を作庭した。

ア 円仁　　イ 無関普門

ウ 夢窓疎石　　エ 栄西

遠景の嵐山と、近景の亀山を借景とした天龍寺の庭園＝写真＝は、**夢窓疎石**(むそうそせき)(1275～1351)による作庭で、康永3年(1344)に庭園が完成したという記述が残されている。天龍寺は右京区嵯峨天龍寺芒ノ馬場町に所在する臨済宗天龍寺派の大本山。暦応2年(1339)に後醍醐天皇の菩提を弔うために創建された寺院で夢窓疎石を開山とする。夢窓疎石は鎌倉時代末期から室町時代初期にかけての臨済宗の僧で、後醍醐天皇から国師号を贈られ、歴代天皇や室町幕府初代将軍の足利尊氏からも尊崇を受けた。

庭園は方丈前の曹源池を中心としたもので、曹源池と龍門瀑、その前方に架かる三連の石橋と前面の池中立石という一帯のデザインは日本庭園屈指の傑作と評される。この天龍寺庭園のデザインは寝殿造庭園や浄土庭園のようなそれまでの行事・儀式の舞台装置的役割を脱し、芸術作品としての庭園の性格を明確にしたもので、室町時代の枯山水様式の成立に影響をおよぼしたとされる。

77 解答
ウ 夢窓疎石

8 京都の世界遺産「古都京都の文化財」に関する記述について、(　　)に入れる最も適当なものをア～エから選びなさい。

問78 国の史跡および特別名勝指定の庭園で知られる西芳寺は、通称（　　）と呼ばれている。

ア 苔寺　イ 椿寺
ウ 花の寺　エ 桔梗寺

西芳寺は苔が一面に広がる庭園で有名なことから、通称・**苔寺**と呼ばれている。奈良時代に創建された際は法相宗であったが、鎌倉時代に法然上人が浄土宗に改め、暦応２年(1339）に夢窓疎石が入山して禅宗寺院・西芳寺に改めた。

庭園は「洪隠山（こういんざん）」の枯山水を中心とした上段の庭園と、「黄金池」を中心としたと下段の庭園からなり、下段の池庭はそれまでの池泉を夢窓疎石が改修したとされる。復興当初、下段の庭園は西芳寺川から導水した黄金池を中心に、池西岸に瑠璃殿、北岸に西来堂、潭北亭、中島に湘南亭、池東部には邀月橋が配され華やかな景観を見せていたとされる。花や紅葉の名所として知られ、多くの皇族や上級武士に愛された。室町幕府八代将軍・足利義政の東山殿（慈照寺）の庭園は西芳寺をモデルにつくられたことで知られる。

椿寺は北区大将軍の地蔵院で、五色八重散椿が有名。**花の寺**は西京区大原野にある勝持寺で、西行桜がよく知られている。京都御苑の東に建つ廬山寺はキキョウの名所となっている。

78 解答
ア 苔寺

8 **京都の世界遺産「古都京都の文化財」に関する記述について、（　　）に入れる最も適当なものをア～エから選びなさい。**

問79 金閣寺の「金閣」とは舎利殿のことであり、正式な寺院名は（　　）という。

ア 禅林寺　　イ 鹿苑寺
ウ 慈照寺　　エ 出雲寺

金閣寺の正式名称は**鹿苑寺**（ろくおんじ）で、開基にあたる室町幕府三代将軍・足利義満の法号「鹿苑院殿」から名付けられた。相国寺（しょうこくじ）の山外塔頭（たっちゅう）で、義満が応永4年（1397）に造営した山荘・北山殿を始まりとし、その没後、禅寺に改め、夢窓疎石が勧請開山を務めた。境内地でひときわ目を引くのは、鏡湖池（きょうこち）にその姿を映す金箔貼り3層楼閣建築の舎利殿（しゃりでん）「金閣」で、その名が寺全体の通称名として世に広まった。応仁・文明の乱でも被災を免れ、長く創建時の姿を伝えていたが、昭和25年（1950）に焼失、5年後に再建の後、同62年（1987）に漆の塗り替え、金箔の貼り替えを行って往時の壮麗さをよみがえらせた。

ほかに通称名で呼ばれることが多い寺院では、紅葉の名所として名高い永観堂（えいかんどう）が挙げられ、正式名は**禅林寺**（ぜんりんじ）である。**慈照寺**（じしょうじ）は、江戸時代、金閣寺に対して、銀閣寺と称せられたと伝わる。**出雲寺**（いずもじ）は山科の琵琶湖疏水近くにあって花見の人気スポットになっている毘沙門堂の正式寺名である。

79 解答
イ 鹿苑寺

8 **京都の世界遺産「古都京都の文化財」に関する記述について、(　　)に入れる最も適当なものをア～エから選びなさい。**

問 80

仁和寺は、京都御所の紫宸殿を移築した金堂(国宝)や、遅咲きの(　　)で知られている。

ア 雲珠桜　　イ 関雪桜

ウ 寝覚桜　　エ 御室桜

真言宗御室(おむろ)派総本山の仁和寺は、仁和4年(888)に宇多(うだ)天皇が、前年崩御した父・光孝天皇の遺志を継いで創建。昌泰2年(899)に自ら出家して御室(僧房)を建て、それが地名の由来となった。歴代の住職を法親王など皇族が務める門跡寺院として格式を誇り、明治時代を迎えるまで各宗派の本山を統括する最高位にあった。応仁・文明の乱による荒廃の後、寛永年間(1624～44)に徳川幕府の援助を受け再興。国宝の金堂は、寛永の内裏造営に際し、慶長18年(1613)築造の紫宸殿(ししんでん)を御所より移築したものだ。境内地一帯は「仁和寺御所跡」として国の史跡に指定され、同じく国の名勝である**御室桜**(おむろざくら)=写真=も、遅咲きで樹高が低い独特の姿が参拝者の人気を集める。

雲珠桜(うずざくら)は鞍馬山に咲く桜の総称で、花の形が鞍飾りの雲珠に似ることからそう呼ばれる。**関雪桜**(かんせつざくら)は哲学の道の桜並木を指し、日本画家の橋本関雪による苗木の寄贈に始まったことによる。**寝覚桜**(ねざめざくら)は、京都指折りの花の名所・平野神社を代表する品種。葉が茂るのと一緒に白い花をつけることで知られる。

80 解答
エ 御室桜

3級　2級　1級

9【公開テーマ問題】「夏の京都」に関する記述について、(　　)に入れる最も適当なものを**ア**～**エ**から選びなさい。(81)～(90)

京都の夏は盆地であるため、うだるように蒸し暑い。鎌倉時代に双ヶ丘で暮らしたという(81)もその随筆『徒然草』第55段の中で、「家の作りやうは、夏をむねとすべし。冬は、いかなる所にも住まる。暑き比わろき住居は、堪へ難き事なり」と書いている。京町家は夏に暮らしやすいように作られている。暑い夏をどう過ごすか、京都の人は工夫を重ねてきた。洛北に位置する貴船の料理旅館では、貴船川の渓流に(82)を設営して、せせらぎの音を聞きながら、川魚料理などを食べ、涼を取ることができる。

古来、夏には疫病が流行したが、今も多くの疫病除けの行事が行われている。夏越祓(なごしのはらえ)で、氷室の氷を表している三角の形状をした菓子「(83)」を食べるのも疫病除けのためであり、祇園祭も、疫病をもたらす疫神を慰撫(いぶ)し、都の外へ送る(84)として行われたと考えられる。土用の丑の日にうなぎを食べる風習は全国にあるが、京都の下鴨神社ではその日に(85)という行事が行われ、池に足を浸して心身を清め、無病息災を祈願する。

最も暑いころといえる7月31日の夜には(86)の山頂にある神社に参拝することによって、千日分のご利益を期待する千日詣りが行われる。8月に入り盂蘭盆の時期になると、先祖の霊である「(87)」をお迎えし、家々で丁重なもてなしをする。その後、再び霊をあの世へ送る行事が行われるが、16日の(88)はその代表的なものとしてよく知られ、京都の山々で松明に灯された大きな文字や図柄が現れる。

それが終わると子どもが主役の(89)があり、数珠まわしなどが行われるところもある。8月下旬には洛北の山間部の花背や広河原などで集落の男たちによる火の祭礼(90)が行われると、待ち遠しい秋も間近である。

(81) ア 吉井勇　イ 西行
ウ 松尾芭蕉　エ 吉田兼好

(82) ア 川床　イ 舟屋
ウ 茶室　エ 能舞台

(83) ア 粽　イ 法螺貝餅
ウ 鎌餅　エ 水無月

(84) ア 節分会（せつぶんえ）　イ 放生会（ほうじょうえ）
ウ 御霊会（ごりょうえ）　エ 維摩会（ゆいまえ）

(85) ア 田植祭（たうえ）　イ 御手洗祭（みたらし）
ウ 三船祭（みふね）　エ 八朔祭（はっさく）

(86) ア 比叡山　イ 吉田山
ウ 愛宕山　エ 小倉山

(87) ア お精霊さん　イ 聖天さん
ウ 鎮宅さん　エ 虚空蔵さん

(88) ア をけら詣り　イ 千灯供養
ウ 五山の送り火　エ 嵯峨お松明

(89) ア 区民運動会　イ 地蔵盆
ウ 十三まいり　エ 泣き相撲

(90) ア 蛇綱　イ 松上げ
ウ 竹送り　エ 百度打ち

(81) 解説

『徒然草』は鎌倉時代末期から南北朝時代の歌人、随筆家である**吉田兼好**（1283頃～1352頃）が書いたとされる随筆。内容は思索や逸話など多岐にわたるが、仁和寺に関する説話が多い。清少納言の『枕草子』、鴨長明の『方丈記』と並び、日本三大随筆の一つとされる。

吉井勇（1886～1960）は明治期から昭和期の歌人、劇作家。祇園の白川沿いには歌碑が建てられ「かにかくに祭」が行われている。**西行**（1118～90）は平安時代末期から鎌倉時代初頭の歌人。**松尾芭蕉**（1644～94）は江戸時代前期の俳人。蕉風と呼ばれる芸術性の高い句風を確立し、俳聖として広く知られる。

81 解答　エ 吉田兼好

---

(82) 解説

貴船神社付近の貴船川には、夏になると川沿いの料理屋や旅館が床を渓流に張り出して**川床**＝写真＝を設営する。川床は京都市内に比べて気温がぐんと下がり、豊かな自然のなかで川のせせらぎを聞きながら、鮎や鰻などの川魚料理が味わえる。市街地の鴨川納涼床とはまた違った趣がある。

舟屋は京の北、丹後半島の伊根湾岸に建ち並ぶ伝統的な建物。１階が海から舟を直接引き入れるガレージ、２階が居室。貴重な町並みは国の重要伝統的建造物群保存地区に選定されている。**茶室**は、茶道の主催者が客を招き、茶を出してもてなすための場所で、四畳半の広さを標準とする。**能舞台**とは能と狂言の専用舞台のこと。

82 解答　ア 川床

(83) 解説

京都の多くの神社では、6月30日に疫病除けの夏越(なごし)の祓(はらえ)が執り行われる。半年間、人々の体や心、家屋などに溜まった罪や穢(けが)れを祓うことを目的とする。この行事にちなんで食べる菓子は**水無月**(みなづき)＝写真＝である。葛(くず)や外郎(ういろう)などの上に小豆をあしらい、三角に切ったもので、三角は氷室(ひむろ)の氷、小豆は悪魔祓いを表しているという。

粽(ちまき)は中国から伝わり、5月5日、端午の節句に厄除けのために食べるようになった。**法螺貝餅**(ほらがいもち)は法螺貝の形に巻いた厄除けの菓子で、年に一度、2月3日の節分に和菓子店の「柏屋光貞」が販売する。**鎌餅**(かまもち)は鎌に似た形状から命名され、豊作への願いが込められている。「大黒屋鎌餅本舗」で販売している。

83 解答 エ 水無月

(84) 解説

祇園祭はかつて、「祇園会(ぎおんえ)」「祇園御霊会(ぎおんごりょうえ)」と呼ばれた。**御霊会**は疫神(えきしん)や死者の怨霊(おんりょう)を鎮めるために行う祭りで、貞観(じょうがん)11年（869)、神泉苑で疫病退散の神事を行ったことが祇園御霊会の始まりとされる。その後、山鉾巡行や祇園囃子(ぎおんばやし)などによる日本を代表する華やかな祭りとして発展した。

節分会は、災厄を祓い福徳を招く行事として室町時代から行われてきた。現在は、立春の前日に各社寺で追儺(ついな)式や豆まきなどさまざまな催しが行われている。**放生会**(ほうじょうえ)は生き物に感謝し、霊を弔う法要。**維摩会**(ゆいまえ)は奈良の興福寺で維摩経を講讃する法会。

84 解答 ウ 御霊会

3級
2級
1級

(85) 解説

下鴨神社では、土用の丑の日に境内末社・御手洗社（井上社）で**御手洗祭**＝写真＝が行われる。人々の穢れや罪を流してくれる瀬織津姫を祭神とし、境内の御手洗池に足をひたすと万病万難を水に流すとされる。別名「足つけ神事」。この日にはみたらし団子を食べて厄除けをする風習がある。

田植祭は、4月にまかれた籾種から生育した早苗を神田に植えて豊作を祈願する祭典で、6月10日、伏見稲荷大社で行われる。**三船祭**は5月第3日曜日に、車折神社の例祭の延長行事として、嵐山の大堰川一帯で平安時代の船遊びを再現する。**八朔祭**は豊穣祈願を祝う神事で、松尾大社など多くの神社で行われている。八朔は旧暦8月1日のこと。

85 解答　イ 御手洗祭

(86) 解説

7月31日夕刻から8月1日にかけて、右京区の**愛宕山**山頂にある愛宕神社に参拝すると、千日分のご利益があるとされ、多くの参拝者は護符と樒を受ける。また、愛宕神社は火伏せの神としても広く知られる。**比叡山**と並び古くから信仰の山で、天狗信仰も生まれ、修験者や戦国武将によって愛宕信仰が全国に広まった＝写真は鎮火神事＝。

比叡山には、天台宗の総本山延暦寺がある。最澄が修行の場として以来、多くの高僧を輩出した。左京区の**吉田山**は標高約105メートル。麓には京都大学吉田キャンパスがある。右京区の**小倉山**周辺には天龍寺など史跡、名刹が多い。

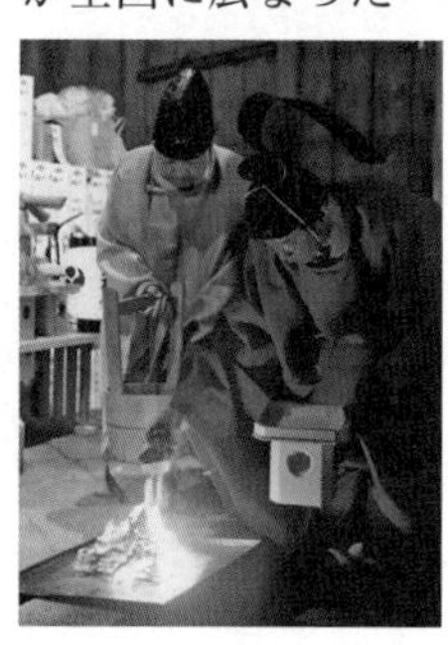

86 解答　ウ 愛宕山

(87) 解説

盂蘭盆に先祖の霊「**お精霊さん**（ショウリョウとも）」を迎え、供養することを精霊迎えといい、各家庭では団子を供えてもてなし、その後、霊を送る。壬生寺では、多数の万灯籠をつるし、鐘をついて霊を迎える。千本ゑんま堂（引接寺）では千本六斎念仏の奉納もある。六斎念佛供養とともに水塔婆供養（造像供養）をする。精霊を迎えるために寺の門前などで焚く松明を迎え火という。

聖天さんは、江戸時代に夫婦和合、子授けの神として民間に普及。上京区の雨宝院は西陣聖天の名で知られる。北区の閑臥庵には**鎮宅さん**(鎮宅霊符神)が祀られている。京都の子どもは、数え年13歳になると**虚空蔵さん**と親しまれる西京区の法輪寺に智恵を授かりに行く。これを「十三まいり」という。

87 解答 ア お精霊さん

(88) 解説

京都の夏を代表する盂蘭盆会の行事は京都**五山送り火**。京都盆地の周囲の山々に「大」の字＝写真＝から順に、「妙」「法」と、「船」形「大」（左大文字)、「鳥居」形の送り火が次々と点火される。それぞれの形に火床を設けて大きな文字や図柄を描き、先祖の霊を送る。

をけら詣りは大みそかから元日の朝にかけて、八坂神社へ参詣し、をけら火を火縄に移し取って家に持ち帰り、1年の無病息災を祈る。**千灯供養**は化野念仏寺で、境内に眠る無縁仏の精霊に灯明を灯して供養する行事。**嵯峨お松明**は清凉寺で大松明に点火して、その火勢で米作の豊凶を占う涅槃会の行事。

88 解答 ウ 五山の送り火

(89) 解説

地蔵菩薩は子どもなど弱い者を助けてくれる仏と信じられており、子どもを主役とする**地蔵盆**＝写真＝が京都では盛ん。町内単位で行われることが多く、事前に地蔵像を清めたり、大きな数珠を囲んで回す数珠回しと呼ぶ行事をするところも多い。京都市はこの地蔵盆を継承していくために「京都をつなぐ無形文化遺産」第３号に選定している。

十三まいりは数え年13歳になった男女が智恵を授かりに、嵐山の法輪寺へ参る行事。**泣き相撲**は子どもの健やかな成長を願い、京都の北野天満宮や笠置町の国津神社などで行われている。**区民運動会**は京都の住民自治組織である学区ごとに行われる運動会。

89 解答　イ 地蔵盆

(90) 解説

洛北の花背や広河原、雲ケ畑などで行われる火の祭礼は**松上げ**＝写真＝。灯籠木と呼ばれる大きな柱の先端の傘に火をつけた松明を投げ上げ点火する行事で、夜に行われる。松上げは火伏せの神である愛宕信仰と結び付いているという。

蛇綱は宮津市の今福地区に伝わる無病息災や五穀豊穣を祈る行事。全長約５メートル、重さ約40キロのワラでつくった大蛇をかついで回る。大蛇に頭をかんでもらうとご利益があるとされる。**竹送り**は、東大寺二月堂で行われるお水取りで使う籠松明用の真竹を掘り起こし、京田辺市から運ぶ行事。**百度打ち**は丹後町間人で、若者が化粧まわし姿で町内を駆け巡り、家内安全などを祈願する。

90 解答　イ 松上げ

10 京阪電気鉄道の沿線に関する記述について、最も適当なものをア～エから選びなさい。(91)～(100)

問91 出町柳駅から近い、賀茂川と高野川の合流点は何と呼ばれているか。

ア 鴨川デルタ　　イ 三栖閘門
ウ 柊野ダム　　エ 中之島公園

北西から流れてきた賀茂川と北東から流れてきた高野川は、出町柳駅付近で合流し、「鴨川」と名を変えて京都の街を流れる。その合流地点は、通称「**鴨川デルタ**」＝写真＝という。人々の憩いの場として活用されているほか、京都を舞台にした映画や小説、漫画などにもたびたび登場。万城目学の青春ファンタジー小説を原作とする『鴨川ホルモー』（2009年公開、監督・本木克英）、『パッチギ！』（2005年公開、監督・井筒和幸）などでも、鴨川デルタがロケ地となった。

三栖閘門は、伏見区三栖町、宇治川と濠川の合流点近くに設けられた閘門。大正７年（1918）から始まった淀川改修増補工事で新堤が築かれ、伏見港と宇治川間の通船ができなくなったため、その通行を可能にするため建設された。**柊野ダム**は鴨川（賀茂川）の上流、北区の柊野地区にある砂防ダム。公的には「柊野堰堤」とも呼ばれる。右京区の嵐山地区、桂川の中州を整備した嵐山公園中之島地区は桜の名所。**中之島公園**と呼ばれることもある。

91 解答
ア 鴨川デルタ

10 京阪電気鉄道の沿線に関する記述について、最も適当なものをア～エから選びなさい。

問92 国登録有形文化財のレストラン菊水と、現役で日本最古のエレベーターがある東華菜館は、ともに大正15年（1926）の建造物で、鴨川の両岸にある。その最寄り駅はどこか。

ア 神宮丸太町駅　　イ 三条駅

ウ 祇園四条駅　　エ 清水五条駅

レストラン菊水と東華菜館の最寄り駅は**祇園四条駅**＝写真＝。大正4年（1915）に開設された京阪本線の駅で、当時の駅名は四条駅。平成20年（2008）に現在の駅名に改称された。京都市内の京阪各駅のなかでも、屈指の利用客数を誇る。開業当初は地上駅だったが、昭和62年（1987）に地下化。7番出口を上がった西側にレストラン菊水、3番出口から四条大橋を渡った先に東華菜館がある。

神宮丸太町駅は、平成元年に開設された鴨東線の駅。平安神宮に近いという理由から、平成20年に現在の名称に改められた。**三条駅**は大正4年（1915）に京阪本線の京都側の終着駅として開設。市街地へのアクセス便利な駅として、また、京都市営地下鉄三条京阪駅の乗り換え駅として活用されている。**清水五条駅**は明治43年（1910）に開設された京阪本線の駅。当時の駅名は五条駅。清水寺の最寄り駅であることから現在の駅名になった。

92 解答
ウ 祇園四条駅

 京阪電気鉄道の沿線に関する記述について、最も適当なものを㋐～㋓から選びなさい。

問 93

三条駅近くにある、京都御所に向かって拝礼する江戸後期の尊王家の像は誰か。

ア 角倉了以　　イ 弥次・喜多

ウ 坂本龍馬　　エ 高山彦九郎

川端三条交差点の南東角には、「寛政の三奇人」に数えられる思想家・**高山彦九郎**（1747～93）の像＝写真＝がある。上野国新田郡細谷村（現群馬県太田市）に生まれた高山彦九郎は、18歳の時に京都に入って儒学者らに学んだ後、諸国を巡って勤王を提唱した人物。京都に遊説した際、三条大橋から御所を拝礼したと伝えられ、三条大橋のたもとの像はその様子を表したもので、現在のものは二代目。初代は昭和３年（1928）に建てられたが、第二次世界大戦中に供出され、昭和36年に再建された。

角倉了以（1554～1614）は、大堰川の船運を開き、高瀬川の開削などを行った豪商。右京区の嵐山の亀山公園に像が建てられている。

弥次・喜多（弥次郎兵衛・喜多八）は、十返舎一九の滑稽本『東海道中膝栗毛』の主人公。三条大橋の西橋詰に像がある。

坂本龍馬（1835～67）の像は、伏見区の寺田屋、東山区の円山公園や京都霊山護国神社（中岡慎太郎像とともに）などに設置されている。

93 解答
エ 高山彦九郎

10 京阪電気鉄道の沿線に関する記述について、最も適当なものをア～エから選びなさい。

問94 伏見稲荷駅が最寄りで、外国人観光客に人気の伏見稲荷大社の神のお使いは何か。

ア キツネ　　イ イノシシ
ウ ハト　　エ ネズミ

神社には狛犬が守護獣として置かれていることが多いが、ほかの動物が狛犬の代わりに鎮座している神社もある。

とくに有名なのは稲荷神の使いとされている**キツネ**で、各地の「稲荷神社」と呼ばれる神社にはキツネの像＝写真＝が置かれている。

京都ではほかにも、さまざまな動物の像を見ることができる。京都御所西側に鎮座する護王神社は足腰の守護神として信仰が厚い。崇敬者の奉賛によって建てられた「狛犬」ならぬ「狛**イノシシ**」にちなんで、「いのしし神社」とも呼ばれて親しまれている。

洛北の三宅八幡宮は子どもの守り神として知られる。宇佐八幡宮から石清水八幡宮へ八幡神を勧請した際に、白い**ハト**が道案内をしたと伝えられ、以来、八幡宮のハトは「神様の使い」として大切にされてきたという。

左京区鹿ケ谷の大豊神社は、全国でも珍しい「狛ねずみ」で有名。大国主命が野火に遭った際に、**ネズミ**が命を助けたという『古事記』の神話に基づいている。

94 解答
ア キツネ

10 京阪電気鉄道の沿線に関する記述について、最も適当なものをア～エから選びなさい。

問 95 京阪本線と近鉄京都線との乗り換えで主に使われる駅はどこか。

ア 七条駅　　イ 龍谷大前深草駅

ウ 丹波橋駅　　エ 淀駅

京阪本線と近鉄京都線との乗り換えで主に使われているのは**丹波橋駅**＝写真＝。この駅は京阪本線の開設（明治43年〈1910〉4月）から約2カ月遅れで開設。当時の駅名を「桃山駅」と称した。現在の駅名に改称されたのは大正2年（1913）。昭和20年（1945）に奈良電気鉄道（現・近鉄京都線）との共同使用駅となり、現在は乗り換え駅として京都有数の乗降客を誇る。

七条駅は大正2年、東山区に開設した京阪本線の駅。京都国立博物館や三十三間堂、京都女子大学などの最寄り駅として利用されている。**龍谷大前深草駅**は、明治43年に伏見区に開設された京阪本線の駅。当時は「稲荷駅」と称したが、開業約8カ月後に「深草駅」と改称。龍谷大学深草キャンパスの最寄り駅であり、令和元年（2019）10月、現在の名称に変更された。**淀駅**は明治43年に伏見区に開設された京阪本線の駅。かつては約280メートル大阪寄りにあった。京都競馬場と連絡通路でつながっている。

95 解答
ウ 丹波橋駅

3級　2級　1級

10 京阪電気鉄道の沿線に関する記述について、最も適当なものをア～エから選びなさい。

問96 伏見桃山駅が最寄り駅で、境内に環境省の名水百選に認定された清泉があり、神功皇后を主祭神とする神社はどこか。

ア 松尾大社　　イ 城南宮
ウ 御香宮神社　　エ 錦天満宮

解答は**御香宮神社**（ごこうのみや）＝写真＝。貞観4年（862）に、境内から病気を癒す香り高い水が涌き出たので、清和天皇より「御香宮」の名を賜ったという。この湧水は「御香水」と呼ばれ、明治以降涸れていたのを昭和57年（1982）に年復元し、昭和60年に、環境庁（現・環境省）より京の名水の代表として名水百選に認定された。現在でも霊水として、病気平癒、茶道、書道用に持ち帰る人の姿が多く見られる。

古くから酒の神として信仰を集める**松尾大社**は、境内の霊泉「亀の井」の水を醸造時に混ぜると家門が繁栄すると伝えられる。

伏見区にある**城南宮**は、平安遷都にあたって王城の南に守護神として創建されたと伝わり、特に王朝風俗を再現する「曲水の宴」（きょくすい）が有名な神社。また、引越・工事・家相などの心配を除く「方除の大社」（ほうよけ）としても信仰が厚い。

錦市場の東の端に所在する**錦天満宮**、通称「錦の天神さん」には菅原道真（すがわらのみちざね）が祀られている。建物の中に入り込む形の鳥居が有名。

96 解答
ウ 御香宮神社

10 京阪電気鉄道の沿線に関する記述について、最も適当なものを**ア**～**エ**から選びなさい。

問97 中書島駅の近くにある、坂本龍馬が伏見奉行所の捕り方に襲撃され、妻となるお龍の機転によって難を逃れたとされる船宿はどこか。

ア 池田屋　　**イ** 寺田屋

ウ 酢屋　　**エ** 近江屋

慶応2年（1866）1月22日、「薩長同盟」の成立を洛中で見届けた坂本龍馬は、伏見の**寺田屋**＝写真＝に移った。寺田屋は宇治川の中州の北端、蓬莱橋の北詰西側に位置した船宿である。同日深夜、長州藩の三吉慎蔵（しんぞう）とともに伏見奉行所の捕り手に襲撃された。負傷したものの運よく脱出に成功。三吉や妻となる楢崎お龍（りょう）の尽力で速やかに伏見薩摩藩邸に救出された。

池田屋は三条小橋の旅宿で、元治元年（1864）6月に新選組が親長州浪士らを襲撃した場所として知られる。このとき龍馬は京都にはいなかった。

酢屋は龍馬の居所、そして海援隊京都本部として知られる材木商。河原町通三条下ル一筋目（龍馬通）に子孫の運営により現存している。慶応3年（1867）6月24日付、姉・乙女（とめ）ら宛の龍馬書翰により居住が裏付けられている。

近江屋は龍馬最後の住居となる醤油商である。河原町通蛸薬師下ル西側に位置した。慶応3年11月15日、ここで殺される。旧蹟を示す石碑が残されている。

97 解答
イ 寺田屋

10 京阪電気鉄道の沿線に関する記述について、最も適当なものを ア ～ エ から選びなさい。

問 98

石清水八幡宮駅から北に進み川を渡ると、約1.4キロの桜並木のある堤防が伸び、淀川三川（桂川・宇治川・木津川）合流地域の景観を見ることができる。この堤防は何と呼ばれているか。

ア 太閤堤
イ 前川堤
ウ 罧原堤
エ 背割堤

桂川・宇治川・木津川が合流し、淀川となる八幡市の淀川三川合流域には、**背割堤**（正式名は国営公園淀川河川公園背割堤地区）と呼ばれる堤防がある。昭和50年代初めまでは松並木があり、「山城の橋立」ともいわれていたが、松枯れ被害により桜への植え替えを実施。約1.4キロにわたって桜並木が続く花見スポットとなった。平成29年（2017）には、地域間交流拠点施設「さくらであい館」がオープン。展望塔からは地上約25メートルの高さから桜並木を一望できる。

太閤堤は伏見城築城に伴い、豊臣秀吉が造らせた堤防の総称。平成19年に宇治橋の下流約400メートルの宇治川右岸からその遺構が発見され、平成21年に国の史跡に指定された。**前川堤**は久御山町東一口（いもあらい）にある堤防で、両岸にはソメイヨシノの桜並木が続く。**罧原堤**（ふしはらづつみ）は桂川の東岸、嵐山公園臨川寺（りんせんじ）地区から松尾橋にかけて築かれた堤防。

98 解答
エ 背割堤

10 京阪電気鉄道の沿線に関する記述について、最も適当なものをア～エから選びなさい。

黄檗駅近くの黄檗宗の大本山萬福寺を創建した中国の渡来僧で、普茶料理を伝えたとされる人物は誰か。

ア 隠元　　イ 道元

ウ 日像　　エ 日親

黄檗宗の大本山萬福寺＝写真＝は寛文元年（1661）、中国の渡来僧・**隠元**隆琦（1592～1673）により創建された。隠元は中国明代を代表する禅僧で、日本からの招請に応えて63歳で来朝。宇治で寺院を開くにあたり、自身が中国福建省で住職を務めた寺の名を取り、「黄檗山萬福寺」と名付けた。伽藍の築造は、その年に西方丈、翌寛文2年に法堂、同8年には大雄宝殿（本堂）と天王殿が完成、そのほかの伽藍も次々造営、元禄年間（1688～1704）には30余の塔頭を持つ大寺院となった。現在も創建当初の建築が残り、明代の様式を伝える異国情緒あふれる景観を形作っている。また、隠元直伝とされる中国伝来の精進料理「普茶料理」が本山や塔頭で供され、参詣者に喜ばれている。

道元（1200～53）は臨済、黄檗宗と並ぶ禅宗三宗派の一つ曹洞宗の開祖として知られる。**日像**（1269～1342）は鎌倉時代後期から南北朝時代の日蓮宗の僧で、京で布教に努め、後醍醐天皇から寺地を賜り、妙顕寺を開いた。**日親**（1407～88）は室町時代、本法寺を開創した日蓮宗の僧。室町幕府六代将軍・足利義教の怒りに触れ投獄されるが、許されて同寺を再興した。

99 解答
ア 隠元

10 京阪電気鉄道の沿線に関する記述について、最も適当なものをア～エから選びなさい。

問 100 宇治駅の近くにある源氏物語ミュージアムは、宇治が舞台となった『源氏物語』を紹介している施設である。その『源氏物語』の作者は誰か。

ア 藤原道綱母　　イ 清少納言
ウ 滝沢馬琴　　エ 紫式部

『源氏物語』の作者は紫式部である。女房名を藤式部といった。**紫式部**（生没年不詳）の呼称は『源氏物語』の紫の上にちなみ、没後に呼ばれたものといわれる。長徳2年(996)、父・藤原為時の越前守赴任に伴い任国へ赴く。帰京後に藤原宣孝（のぶたか）と結婚し、長保元年（999)、賢子（かたいこ）（ケンシとも）（大弐三位）を生む。同3年には夫に先立たれ、娘一人を抱えた寡婦となった式部は、『源氏物語』を書き始めた。藤原道長に文才を買われて、道長娘の彰子（あきこ）（ショウシとも）のもとに女房として出仕し、『源氏物語』を執筆した＝写真は源氏物語ミュージアム＝。

藤原道綱母（みちつな）（～995）は、平安時代中期の歌人で、著作は『蜻蛉日記』（かげろう）。藤原兼家と結婚し、道綱を生んだ。家集に『道綱母集』がある。

清少納言（生没年不詳）は、『枕草子』の著者。清原元輔（もとすけ）の娘。正暦4年（993）ごろ、中関白・藤原道隆（みちたか）の娘で一条天皇中宮の定子（さだこ）（テイシとも）のもとに出仕。この宮廷出仕時代のことを随筆『枕草子』に著した。**滝沢馬琴**（たきざわばきん）（1767～1848）は、江戸時代後期の戯作者。『南総里見八犬伝』の作者である。別名、曲亭馬琴。

100 解答　エ 紫式部

2級

問題と解答・解説
100問

1 歴史・史跡に関する記述について、最も適当なものを ア～エ から選びなさい。（1）～（10）

京都盆地西部の桂川流域に勢力をもち、蛇塚古墳がその首長墓と推定される渡来系氏族は何氏か。

ア 小野氏　イ 粟田氏
ウ 秦氏　エ 出雲氏

京都盆地西部の桂川流域に勢力をもった渡来系氏族は**秦氏**である。桂川に「葛野大堰」を設置するなど土木技術に長けており、また養蚕の技術にも優れ、絹・綿・糸の生産や機織に従事する多くの部民や秦人を配下に大きな経済力を蓄えた。その首長墓とされる蛇塚古墳＝写真＝は、右京区太秦にある全長約75メートルの前方後円墳で、被葬者は秦河勝が有力視されている。河勝が建立したという太秦の広隆寺は飛鳥時代の氏寺である。

小野氏は、近江国滋賀郡小野村を本拠とするが、ある時代から高野川沿いの小野郷にも移り住んだと思われる。篁、好古や小町など、政治・軍事・学芸面で活躍した人物を輩出している。**粟田氏**は、愛宕郡粟田郷を中心に繁栄し、粟田寺を建立した。北白川廃寺（左京区）に該当するとみなされている。**出雲氏**は、賀茂川と高野川の合流点付近に平安遷都以前から勢力を持っていたという。現在でも、北区南東部には「出雲路」を冠した町名がいくつか残されている。

1 解答
ウ 秦氏

問2 中国の都城制にならって平安京で採用された、碁盤目状の都市区画制度は何か。

ア 郡県制　　イ 条里制
ウ 班田制　　エ 条坊制

中国の都城制にならい平安京でも採用された、東西南北に直交する道路によって碁盤目状に区画される都市区画制度は**条坊制**である。条は東西方向の区画、坊は南北方向の区画の意である。平安京の条坊制は、町と呼ばれる一辺約120メートルの正方形の区画をブロックのように組み合わせたものであった。

班田制は、農地の配分を決めた、律令制下の日本古代の土地制度。すべての人民を戸に編成して戸籍を作り、戸籍に基づいて水田を班給し、徴税の基礎を確保した。

条里制は、古代から中世後期にかけて行われた土地区画制度である。幅6町（約654メートル）の直交する条と里(り)によって、大区画を作り、これで囲まれた正方形の各辺を六等分した幅一町の線で面積を36等分する。この一辺一町の小区画が面積一町で、これをさらに長地形、半折形に10等分して一段とする。

郡県制は、中国の中央集権的な地方行政制度。日本では大化以後、中国の影響を受けて国郡里の制度を確立した。

2 解答
エ 条坊制

1 歴史・史跡に関する記述について、最も適当なものをア～エから選びなさい。

問3 平安京の施設で饗宴の場として、元日の節会、新嘗祭・大嘗祭、外国使節入朝時の宴などに使われた場所はどこか。

ア 豊楽院　イ 中和院
ウ 真言院　エ 太政官

豊楽院（ぶらくいん）である。平安宮大内裏八省院の西隣にあった。敷地は八省院（朝堂院）に匹敵する広さをもち、東西約170メートル、南北約413メートル。周囲は築垣に囲まれ、南面中央に豊楽門が開かれた。中軸線北寄りに正殿の豊楽殿があり、土間建築で母屋中央に土壇の高御座があり、大嘗会には左右に悠基・主基の帳を設けた。即位式に利用されることもあった。

中和院（ちゅうかいん）は、大内裏の殿舎の一つ。武徳門の西、**真言院**の東に位置した。新嘗祭・神今食祭など天皇による親祭に用いられた。真言院（しんごんいん）は、大内裏の殿舎の一つ。中和院の西、朝堂院の北に所在。真言密教の修法を大内裏中において行う場所。空海の申請によって唐国の内道場に准じて、仁明天皇の承和元年（834）に勘解由司庁を改めて建てられた。

太政官（だいじょうかん）（ダジョウカンとも）は、国政を審議し、奏宣を行い、執行を下命する国家の中枢機関。その官衙は大内裏の内で、八省院の東、宮内省の西、中務省の南、民部省の北に占地していた。垣を廻らし、東西南北の四門が設けられていた。

3 解答
ア 豊楽院

1 歴史・史跡に関する記述について、最も適当なものをア～エから選びなさい。

問4

白河法皇が造営した離宮「鳥羽殿」は、北殿、南殿、田中殿などに分かれ、それぞれ仏堂が設けられた。そのうち現在も存続している寺院はどこか。

ア 証金剛院　　イ 金剛心院
ウ 勝光明院　　エ 安楽寿院

鳥羽殿に造営された仏堂で現存しているのは、**安楽寿院**（あんらくじゅいん）である。安楽寿院は、伏見区竹田内畑町に所在。保延3年（1137）10月15日に鳥羽天皇が造営した鳥羽東殿に創建された御堂である。堂内には阿弥陀三尊像を安置する。法皇はこの御堂の付属御所で院政を行い、同5年に御堂御所の東に造進された御塔に葬られた。現在は真言宗智山派に属する。

証金剛院（しょうこんごういん）は、鳥羽南殿に付属する御堂。白河法皇により康和3年（1101）3月29日に供養が行われた。丈六の阿弥陀如来像が安置されていた。

金剛心院（こんごうしんいん）は、鳥羽田中殿付属御堂。鳥羽上皇により久寿元年（1154）に供養された釈迦堂と阿弥陀堂。

勝光明院（しょうこうみょういん）は、鳥羽北殿に付属する御堂。保延2年3月23日供養。平等院鳳凰堂をまねた阿弥陀堂である。経蔵も平等院をまねている。

4 解答
エ 安楽寿院

1 歴史・史跡に関する記述について、最も適当なものをア～エから選びなさい。

後醍醐天皇を支持し、建武の新政に参加したが、のちに対立して室町幕府を開いたのは誰か。

ア 足利尊氏　　イ 足利義満

ウ 足利義尚　　エ 足利義昭

室町幕府を開いたのは、**足利尊氏**（1305～58）である。尊氏はもとは高氏と名乗り、鎌倉幕府のなかでは北条氏に次ぐ有力御家人であった。後醍醐天皇が倒幕をめざした元弘の変のなか、その鎮圧のために京都に派遣されたものの、幕府を見限って六波羅探題を滅亡に追い込んだ。建武政権の成立後には後醍醐天皇の名「尊治」の一字を賜って「尊氏」と名を改めた。次いで、建武政権への武士階級の不満を背景に同政権に反旗を翻し、新しい天皇として光明天皇を即位させ、そのもとで新しい幕府を開いた。

足利義満（よしみつ）（1358～1408）は尊氏の孫で、三代将軍である。上京の室町（現・室町通）北小路（現・今出川通）に将軍御所を営み、それにちなんで足利氏の政権を室町幕府と呼ぶようになった。**足利義尚**（よしひさ）（1405～89）は義政と正室の日野富子の子で、室町幕府の九代将軍となった。**足利義昭**（よしあき）（1537～97）は室町幕府最後の第十五代将軍。織田信長に擁せられて将軍職に就いたものの、後に信長と対立して京都を追われた。

5 解答
ア 足利尊氏

1 歴史・史跡に関する記述について、最も適当なものをア～エから選びなさい。

問6 三度も洛中から追放されながら、町衆の信望を得て京都に広く日蓮宗（法華宗）を布教し、妙顕寺を開いた僧は誰か。

ア 日実　　イ 日像
ウ 日隆　　エ 日親

妙顕寺＝写真＝を開いた日蓮宗（法華宗）の僧は、**日像**（1269～1342）である。延暦寺をはじめとする既存の寺院と対立し、三度京都を追われた。帰京した後、大宮通今小路に妙顕寺を創建した。

日実（？～1458）は本応寺（後の立本寺）の初代となった室町時代の僧である。下京の四条櫛笥にあった妙本寺（妙顕寺）が延暦寺との対立で破壊された後、日蓮宗のなかで同寺の再興をめぐって紛争がおこり、五条大宮に新たな妙本寺が建立されるとともに、元の妙本寺の地に本応寺が建てられた。

日隆（1385～1464）は室町時代の日蓮宗の僧である。妙本寺（妙顕寺）で修行したが、同寺を出て新たな寺を建てた。この寺は立本寺の旧名を継いで本応寺と号し、後に本能寺と改称した。

日親（1407～88）は本法寺を開いた日蓮宗の僧である。室町幕府六代将軍・足利義教から迫害され、灼熱の鍋をかぶせられる拷問を受けたが屈しなかったという伝承から「鍋かぶり日親」の通称で呼ばれている。

6 解答
イ 日像

1 歴史・史跡に関する記述について、最も適当なものをア～エから選びなさい。

天正16年（1588）、豊臣秀吉の居館・聚楽第に行幸した天皇は誰か。

ア 後奈良天皇　　イ 後柏原天皇
ウ 後陽成天皇　　エ 後水尾天皇

第百七代天皇の**後陽成天皇**（1571～1617）である。天正14年（1586）、正親町（おおぎまち）天皇の譲位を得て即位。後陽成天皇の聚楽第行幸は2回ある。1回目は天正16年4月14日、豊臣秀吉が関白に任ぜられ、京都に邸宅兼城郭である聚楽第を築いた際に、正親町上皇と後陽成天皇を招き行ったもの。2回目は、天正20年、秀吉から関白職と聚楽第を譲り受けた豊臣秀次が、自らが秀吉の後継者であることを世に示すため、再度、後陽成天皇を招き行ったもの。秀吉は関白や太政大臣といった制度を利用したため、天皇尊重の方針で、その権威を高めるために、朝廷の名誉回復に努めた。

後奈良天皇（1496～1557）は第百五代天皇。**後柏原天皇**（1464～1526）の第二皇子。後柏原天皇崩御とともに践祚（せんそ）したが、宮廷に資金がなく、10年後に即位式をあげた。後柏原天皇は後土御門天皇の第一皇子で、第百四代天皇。応仁の乱後、朝議の復興に努めた。財政厳しく、践祚22年目に即位の大礼を挙行。**後水尾天皇**（1596～1680）は第百八代天皇。後陽成天皇の第三皇子。徳川秀忠の娘和子を女御とする。修学院離宮を造営。

7 解答
ウ 後陽成天皇

1 歴史・史跡に関する記述について、最も適当なものを**ア**～**エ**から選びなさい。

問8 大坂冬の陣の発端になったとされる、方広寺の梵鐘の銘文の一部はどれか。

ア 廓其有容　　**イ** 国家安康
ウ 諸悪莫作　　**エ** 和敬静寂

国家安康は、慶長19年（1614）に再建された京都方広寺大仏殿の釣鐘＝写真＝の銘にある言葉。豊臣秀吉が建立し地震で崩壊した同寺の再建にあたり、鐘銘にこの文字があることで、徳川家康は秀頼に難癖をつけ、大坂冬の陣開戦へ導いたことで有名。

廓其有容は、「かくとしてそれいるることあり」と読み、悠久の水をたたえ，悠然とした疏水の広がりは，大きな人間の器量を表しているという。琵琶湖疏水のトンネル洞門の扁額（石の額）に揮毫された言葉。第一トンネル西口（藤尾）側に掲げられており、山県有朋の揮毫。

諸悪莫作は、仏教の基本的な実践徳目を端的に述べた『七仏通戒偈』の冒頭の句。「もろもろの悪をなすなかれ」と読む。道徳的な意味で悪い行為をしてはならないということ。

和敬清寂は、茶道精神を説くための禅語。千利休の茶道精神を要約した語となる。和敬は茶会における主客の心得を示し、清寂は茶室、露地、茶道具などの心持を示すもの。

8 解答
イ 国家安康

1 歴史・史跡に関する記述について、最も適当なものを**ア**～**エ**から選びなさい。

問 9

諸藩の京都藩邸があり、幕末、藩士や浪士の襲撃事件も多かったことから、大村益次郎、佐久間象山、本間精一郎の遭難地碑が立っている通りはどれか。

- **ア** 木屋町通
- **イ** 寺町通
- **ウ** 大和大路通
- **エ** 花見小路通

木屋町通はもと鴨川の河原で、慶長19年（1614）ごろ成立した。通りに面して長州藩や土佐藩の屋敷が建設されていたため、幕末には家臣団の居所が営まれたほか、殺傷事件もたびたび起きた。佐久間象山と大村益次郎の遭難碑＝佐久間の碑が写真左、大村の碑は同右＝は木屋町通御池上ル、本間精一郎のそれは木屋町通蛸薬師下ルに位置する。

寺町通は、豊臣秀吉の都市改造によって道路に面して帯状に寺院群を形成した。幕末期には二条・四条間に位置した長州藩や土佐藩などの屋敷に近かったため、複数の寺院が家臣の宿舎に使用された。**大和大路通**は鴨川の東、三条・泉涌寺道間に位置する。三条・四条間は縄手通と呼ぶ。縄手通三条下ルには池田屋事件ゆかりの小川亭、魚品、三縁寺、大仏南門通大和大路東入ルには坂本龍馬らが住んだ大仏瓦師・久板五郎兵衛方があった。**花見小路通**は祇園地域を南北に貫く道で、三条・安井北門間に位置する。明治政府の上知令によって開発された新道である。四条通以南はもと建仁寺境内であった。

9 解答 ア 木屋町通

1 歴史・史跡に関する記述について、最も適当なものをア～エから選びなさい。

明治41年（1908）、陸軍の兵力増強に伴い、京都に第十六師団が駐屯した。その司令部庁舎が今も施設の一部として残る学校はどこか。

ア ノートルダム女学院
イ 聖母女学院
ウ 平安女学院
エ 京都女子学園

伏見区深草の**聖母女学院**である。陸軍第十六師団の司令部として明治41年（1908）に建てられ、戦後、払い下げられた。大阪で創設された聖母女学院が昭和24年（1949）、伏見区に姉妹校を設立、旧司令部の建物を法人本館として使っている。赤煉瓦造銅板葺き２階建てで、古典様式の外観で威厳を感じさせる。内部の階段や天井、暖炉、窓などに上質な意匠が施されている。師団司令部庁舎の現存は希少で、平成28年（2016）に国の登録有形文化財に指定された。平成25年には市民の推薦で京都市の「京都を彩る建物や庭園」にも認定されている。

ノートルダム女学院は昭和26年に設立、翌年に左京区で中学校を開校した。**平安女学院**は明治28年に大阪から上京区に移転、開校した。当時建てられた明治館も国の登録有形文化財。**京都女子学園**は明治32年に西本願寺近くで開校した「顕道女学院」が創始。４校とも宗教を建学の精神として京都の女子教育を担っている。

10 解答
イ 聖母女学院

2 神社・寺院に関する記述について、最も適当なものをア～エから選びなさい。(11)～(20)

問 11 賀茂御祖神社（下鴨神社）とともに「山城国一之宮」となった神社はどこか。

ア 城南宮
イ 出雲大神宮
ウ 賀茂別雷神社(上賀茂神社)
エ 籠神社

「一之宮（いちのみや）」とは、平安時代から鎌倉時代初期にかけて逐次整った社格の一つ。

賀茂別雷神社（かもわけいかづち）（上賀茂神社） ＝写真＝は賀茂別雷大神を祀る、古代山城の豪族賀茂氏の氏神として知られる神社。**賀茂御祖神社（かもみおや）（下鴨神社）** とともに平安時代以降「山城国一之宮」となった。一の鳥居から二の鳥居までは開放的な芝生の空間となっており、ここで賀茂競馬（くらべうま）など五穀豊穣を願うさまざまな神事が行われる。平成6年（1994）に、本殿など国宝2棟、重文41棟を含む敷地はすべてユネスコ世界文化遺産に登録された。

伏見区にある**城南宮**は、古くから方除（ほうよ）けの神社として信仰を集める。

出雲大神宮は、亀岡市千歳町に鎮座する丹波国の一之宮。

籠神社（この）は雪舟（せっしゅう）の「天橋立図」（国宝）にも描かれた丹後国の一之宮である。

11 解答
ウ 賀茂別雷神社（上賀茂神社）

2 神社・寺院に関する記述について、最も適当なものをア～エから選びなさい。

問12 ライト兄弟に先駆けて有人飛行機「飛行器」を考案した二宮忠八が、航空安全と航空事業の発展を祈願するために自邸内に創建した神社はどこか。

ア 交通神社　　イ 京都霊山護国神社
ウ 久我神社　　エ 飛行神社

八幡市にある**飛行神社**＝写真＝は、大正4年（1915）に二宮忠八（にのみやちゅうはち）（1866～1936）が自邸内に私財を投じて創建した神社。空の神とされる饒速日命（にぎはやひのみこと）を祀る。

二宮はカラスが翼を広げて固定翼で滑空している姿から飛行原理を発見した。以後、研究を重ねて「カラス型飛行器」を完成させ、飛行に成功した。晩年、飛行機の事故が多発することを憂慮し、航空事故の犠牲者を悼み、飛行神社を建立。航空界の安全と犠牲者の慰霊に力を注いだ。

久我神社（くがじんじゃ）は上賀茂神社の摂社で、賀茂建角身命（かもたけつぬみのみこと）を祀る。祭神は八咫烏（やたがらす）となって皇軍を大和へ導いたという。八咫烏の故事に因んで航空安全、交通安全守護の神として信仰を集めている。

須賀神社（**交通神社**）は左京区聖護院一帯の産土神（うぶすながみ）とされ、縁結び、厄除け、交通安全の神として信仰が厚い。

12 解答
エ 飛行神社

2 神社・寺院に関する記述について、最も適当なものを**ア**～**エ**から選びなさい。

問13 子供の疳の虫封じの神として信仰を集めている上高野にある八幡宮はどこか。

ア 三宅八幡宮　**イ** 首途八幡宮
ウ 幡枝八幡宮　**エ** 平岡八幡宮

三宅八幡宮＝写真＝は子どもの守り神として信仰されている洛北の神社。「疳の虫封じ」「子どもの病気平癒」「夜なき」などのご利益で知られ、「虫八幡(むしはちまん)」とも呼ばれる。ほかにも、虫退治の神として害虫駆除 などのご利益があるとされる。

もとは大内裏の鬼門（北東）に建っていたのが**首途八幡宮(かどではちまんぐう)**。当時は皇城鎮護の神社として信仰されていたが、奥州へ出発する牛若丸（源義経）が道中の安全を祈願したとされ、この故事により、とくに旅立ち、旅行の安全の信仰を集めるようになった。「首途」とは、「出発」の意味で、以来この由緒により「首途八幡宮」と呼ばれるようになったという。

幡枝(はたえだ)八幡宮は左京区岩倉幡枝町に位置する神社。毎年7月31日に夏越(なごし)の神事と虫送りが行われる。

平岡八幡宮は山城国最古の八幡宮で、弘法大師が神護寺の守護神として自ら描いた僧形八幡神像をご神体として創建された。本殿は室町時代に焼失したが、足利義満により再建。現在の建物は文政9年（1826）に修復されたもの。内陣の天井には44面の極彩色の花が描かれている。これは「花の天井」と呼ばれ、毎年、春と秋に公開されている。

13解答
ア 三宅八幡宮

2 **神社・寺院に関する記述について、最も適当なものをア～エから選びなさい。**

問14

京都三珍鳥居の一つがあることで知られ、菅原道真の母を祀る北野天満宮の境内末社はどこか。

ア 御金神社　　イ 野宮神社

ウ 伴氏社　　エ 錦天満宮

京都三珍鳥居は、３つの鳥居が合体し、３本の柱がある木島坐天照御魂神社の三柱鳥居、京都御苑内の厳島神社の唐破風鳥居、そして北野天満宮境内にある**伴氏社**＝写真＝の鳥居である。伴氏社は、伴氏出身である菅原道真の母を祀っている。かつて石造りの五輪塔が置かれていたが、明治維新の神仏分離令により、近くの東向観音寺に移された。子どもの成長と学業成就の守護神として、わが子の健やかな成長を願う母親から厚い信仰を集めている。伴氏社の鳥居は、鎌倉時代のもので国の重要美術品に指定されている。台座に刻まれた蓮弁が特徴である。

黄金色に輝く鳥居があるのは**御金神社**で、金山毘古命を祀るお金の神様として知られる。**野宮神社**は縁結びの神様で、『源氏物語』の「賢木」の巻の舞台として知られる。境内の黒木の鳥居は、櫟の皮をはがないまま使う古式の様式である。謡曲『野宮』は、この鳥居と小柴垣のみで野宮神社を表現している。錦市場の東端にある**錦天満宮**の一の鳥居は、両側のビルにのめりこむ形で建っている。

14 解答
ウ 伴氏社

2 神社・寺院に関する記述について、最も適当なものを**ア**～**エ**から選びなさい。

問 15 紫式部の邸宅跡と伝えられる地にあり、2月3日の節分行事「鬼法楽」で知られる寺院はどこか。

ア 廬山寺　　**イ** 誠心院
ウ 隨心院　　**エ** 祇王寺

京都御苑の東側一帯（御所東）にはかつて公家町があった。その一角にある**廬山寺**（ろざんじ）＝写真＝には藤原兼輔（ふじわらのかねすけ）邸があり、曾孫にあたる紫式部が相続し、邸宅としたと考証されている。境内には紫式部邸の顕彰碑や式部の娘で大弐三位（だいにのさんみ）の歌碑がある。本堂の南庭は源氏の庭と称される。廬山寺西側にある土御門第（つちみかどてい）跡は、藤原道長の邸宅跡で、式部が仕えた一条天皇中宮で道長の長女・彰子（あきこ）（ショウシとも）が住まい、里内裏となり後一条、後朱雀天皇が生まれた。ここに出仕する間に『源氏物語』を完成させたといわれる。同じく彰子に仕えた和泉（いずみ）式部が、晩年に出家し、初代住職をつとめたのが**誠心院**（せいしんいん）と伝えられる。境内には和泉式部の墓と伝わる宝篋印塔（ほうきょういんとう）や歌碑などがある。

隨心院（ずいしんいん）は六歌仙にして絶世の美女と謳われた小野小町の邸宅跡と伝わる。小町化粧井戸や縁の品々が伝わる。「深草少将（ふかくさのしょうしょう）百夜（ももよ）通い」の舞台とされ、この伝説を題材にしたはねず踊りが行われている。『平家物語』巻一祇王に登場する白拍子（しらびょうし）・祇王が、平清盛の寵愛を失い出家して隠棲した尼寺が**祇王寺**（ぎおうじ）である。

15 解答
ア 廬山寺

2 神社・寺院に関する記述について、最も適当なものをア～エから選びなさい。

問16 本堂から庭園を望む壁にある角形の「迷いの窓」と、円形の「悟りの窓」で知られる、北区鷹峯にある曹洞宗の寺院はどこか。

ア 志明院　　イ 源光庵
ウ 光悦寺　　エ 常照寺

洛北・鷹峯にある**源光庵**(げんこうあん)は、貞和(じょうわ)2年（1346）に大徳寺二世の徹翁義亨(てつおうぎこう)（テットウギコウとも）が自らの隠居所にするため創建。その後の衰退を経て元禄7年（1694）、卍山道白(まんざんどうはく)が再興し、曹洞宗寺院とした。本堂は当時の築造で、堂内から庭園を望む壁面には、円形の「悟りの窓」と四角い「迷いの窓」が並び＝写真＝、見る者に禅の境地を語りかけてくる。また、「窓越しの紅葉は何より風情がある」との評判で、シーズンには多くの人でにぎわう。本堂廊下の天井板は、関ヶ原の戦いの折、西軍の攻撃で落城した伏見城から移築した「血天井」として知られる。

志明院(しみょういん)は雲ケ畑の山間にある真言宗系の単立寺院。山号の岩屋山と本尊の不動明王にちなみ、岩屋不動とも呼ばれる。**光悦寺**(こうえつじ)は、本阿弥光悦が徳川家康から与えられた鷹峯の地に草庵を結び、法華題目堂(ほっけだいもくどう)を建てたのを起源とする日蓮宗寺院。同じ鷹峯の**常照寺**(じょうしょうじ)は、吉野太夫が帰依したという日蓮宗寺院で、毎年4月第2日曜日に吉野太夫を偲んで吉野太夫花供養が催される。

16 解答
イ 源光庵

2 神社・寺院に関する記述について、最も適当なものをア～エから選びなさい。

問17 京都府北部では唯一の国宝建造物である二王門があり、安置されている木造金剛力士立像（二軀）が今年（2019）、重要文化財に指定された綾部市の寺院はどこか。

ア 智恩寺　　イ 光明寺
ウ 成相寺　　エ 松尾寺

京都府北部で唯一の国宝建造物は、綾部市睦寄町にある聖徳太子が創建したと伝わる真言宗醍醐派「**光明寺**」の二王門。鎌倉時代の宝治2年（1248）に建立された三間一戸の入母屋（いりもや）造ベンガラ塗りの二重門で、屋根は全国でも珍しい栩葺（とちぶき）になっている。昭和29年（1954）に国宝に指定された。二王門内にある一対の木造金剛力士立像は重文に指定されている。

同寺は醍醐寺開山の理源大師聖宝が真言密教の道場として中興し、最盛期には72坊を有した大寺院だった。大永7年（1527）の兵火や元亀3年（1572）と天正7年（1579）の明智光秀の焼き討ちなどにあったが、二王門は焼失を免れた。

智恩寺は、日本三景の一つ天橋立の宮津市文珠にあり、文殊の智恵で知られる臨済宗妙心寺派の寺院。**成相寺**（なりあいじ）は、天橋立を望む鼓ヶ岳の中腹にある橋立真言宗の単立寺院で西国三十三所霊場第二十八番札所。**松尾寺**（まつのおでら）は、若狭（わかさ）富士と称される舞鶴市の青葉山中腹にある真言宗醍醐派の寺院で西国三十三所霊場第二十九番札所。

17 解答
イ 光明寺

2 神社・寺院に関する記述について、最も適当なものを**ア**～**エ**から選びなさい。

問18 百々御所とも呼ばれ、歴代皇女ゆかりの人形を春秋公開し、秋は人形供養を行う寺院はどこか。

ア 慈受院　　**イ** 大聖寺
ウ 宝鏡寺　　**エ** 霊鑑寺

「人形寺」の名で知られる**宝鏡寺**＝写真＝は臨済宗単立の尼門跡寺院で、洛中で栄えた尼五山第一位・景愛寺の子院が前身。光厳天皇皇女で景愛寺六世の華林宮惠厳禅尼が後光厳天皇から寺号を賜って宝鏡寺を開いた。歴代、幾人もの皇女が住職を務めた。土地の名をとって百々御所とも呼ばれる。皇女が入寺していたため、御所から人形を贈られる機会も多く、二十四世三麼地院宮が父・光格天皇から賜った直衣雛や孝明天皇遺愛の人形など、数々の名品を所蔵、人形展の開催や毎年秋の人形供養祭が人気を博している。

慈受院は、薄雲御所とも呼ばれる臨済宗単立尼院。足利義持夫人・日野栄子が正長元年（1428）に創建。皇女、皇族息女らが住持を務め、門跡寺院の法灯を守ってきた。**大聖寺**は室町幕府の花の御所の跡地に建つ臨済宗単立の尼門跡寺院。足利義満が、出家した義理の叔母のため開いた寺を発祥とする。**霊鑑寺**は臨済宗南禅寺派の尼門跡寺院。後水尾上皇遺愛の日光椿のほか、多くの名椿が植えられる庭園で知られる。

18 解答
ウ 宝鏡寺

2 神社・寺院に関する記述について、最も適当なものを ア ～ エ から選びなさい。

問19 大火を免れ、俗に「不燃寺（やけずのてら）」とも称され、境内に「夜泣き止めの松」がある寺院はどこか。

ア 善峯寺　　イ 興聖寺
ウ 勝持寺　　エ 本隆寺

法華宗真門流（ほっけしゅうしんもん）の総本山・**本隆寺**（ほんりゅう）＝写真＝は、開山・日真（にっしん）が長享（ちょうきょう）2年（1488）、六角通西洞院に建てた草庵に始まる。以後、皇室の支援を受けて繁栄するが、天文法華の乱で諸堂は焼失。その後、復興を果たすが、たびたびの火災に見舞われ、伽藍のほとんどを失う被害を受けた。ただ、江戸時代の大火にも、本堂などが焼失を免れたことで、以後、不燃寺（やけずのてら）と呼ばれるようになった。境内にある夜泣き止めの松は、ご利益を求める人たちの信仰を集めてきた。

善峯寺（よしみねでら）は、長元2年（1029）、恵心僧都源信（えしんそうずげんしん）の弟子・源算（げんざん）が創建した天台宗の単立寺院。国の天然記念物である樹齢600年超の五葉松・遊龍松（ゆうりゅうまつ）が、参拝者の目を引いている。**興聖寺**（こうしょうじ）は宇治にある曹洞宗（そうとう）の寺院で、寺地は宇治七名園の一つ、朝日茶園だったとされ、山門に続く琴坂を彩る紅葉やヤマブキが訪れる人の目を楽しませている。「花の寺」と称される洛西・大原野の**勝持寺**（しょうじじ）は、天台宗寺院。春には、西行が愛したと伝わる西行桜はじめ約100本の桜が美しさを競う。

19 解答
エ 本隆寺

2 神社・寺院に関する記述について、最も適当なものをア～エから選びなさい。

問20 清玉上人によって開かれ、「織田信長公本廟所」と称される寺院はどこか。

ア 本圀寺　イ 両足院
ウ 本能寺　エ 阿弥陀寺

寺町通に建つ**阿弥陀寺**(あみだじ)は織田信長・信忠の墓があり、森蘭丸をはじめ本能寺・二条城（二条新御所）にて討死した織田家中百余名を祀る。京都の織田家菩提寺としてゆかりが深く、信長が帰依した清玉(せいぎょく)上人を開山として整備した寺で、寺伝によれば本能寺の変の際、清玉上人は本能寺に駆け付け、信長の遺骨を阿弥陀寺に持ち帰り供養埋葬、同日、明智光秀に会い、許可を得て信忠他討死衆百余名の遺骸も寺に運び供養埋葬したと伝えられる。現在も信長・信忠の木像をはじめ位牌や討死衆の合祀位牌・墓等を祀る。現在地には天正13年（1585）ごろ、羽柴秀吉の寺町造成により縮小移転。大正６年（1917）勅使来訪、織田信長公本廟所と公認された＝写真＝。

本圀寺(ほんこくじ)は、貞和(じょうわ)元年（1345）に拠点を京都に移し、朝廷や幕府の庇護により発展した洛中法華二十一カ寺本山の一つ。戦後、荒廃の時期もあったが、洛中から山科に移り再建を果たした。**両足院**(りょうそくいん)は建仁寺の塔頭で、入元僧の龍山徳見(りゅうざんとっけん)が創建。枯山水の庭園、織田有楽斎(うらくさい)の如庵(じょあん)を模した茶室が設けられている。法華宗本門流大本山の**本能寺**(ほんのうじ)は、天文の法難後、堺へ移転。天文14年（1545）に四条坊門付近で復興したが、本能寺の変で再び焼失、天正20年、秀吉の転地令で現在地に移った。境内に信長の供養塔がある。

20 解答　エ 阿弥陀寺

3 **建築・庭園・美術に関する記述について、最も適当なものをア～エから選びなさい。(21)～(30)**

問21 応永4年（1397）の建造で、天文11年（1542）に大修理が行われた松尾大社の本殿の建築様式は何か。

ア 八幡造　　イ 権現造
ウ 祇園造　　エ 両流造

松尾大社の本殿建築様式は**両流造**である＝イラストはイメージ＝。両流造は、正面・背面ともに流造になっている様式。流造の背面に庇を付けた形式とも考えられ、仏教建築の影響を受けながら平安時代に成立したものとされる。松尾大社本殿以外に、厳島神社本殿も両流造である。流造は全国的に最も多く流布する形式で、切妻造りで平入り、屋根には緩やかな反りをつけ、前面の屋根は流れるように延びて向拝となる。この向拝の下に階段と浜床（はまゆか）を設ける。正面は一間または三間が多く、上賀茂神社、下鴨神社本殿はともに三間。

八幡造は、石清水八幡宮本殿に代表され、前殿と後殿とを連結し、両者の間に生じた屋根の谷に陸樋を入れたもの。

権現造は、北野天満宮本殿に代表される様式で、拝殿と本殿を石敷の相の間で連結した形式のもので屋根は連続する。

祇園造は、八坂神社の本殿独自の建築様式で、母屋の四方に庇をめぐらし、さらに両側面と北面に孫庇をつけ、前面には3面の向拝と入母屋の屋根、ほかの3面には片流れの屋根をつけたものである。

21 解答
エ 両流造

3 建築・庭園・美術に関する記述について、最も適当なものを ア ～ エ から選びなさい。

問22 三条通の近代建築群で最も古く、明治23年（1890）頃に建てられ、国の登録有形文化財に指定されている木骨煉瓦造の建物は何か。

ア 旧日本銀行京都支店　　イ 旧家邊徳時計店
ウ 旧不動貯金銀行京都支店　　エ 旧毎日新聞社京都支局

烏丸通以東の三条通は近代建築が立ち並ぶが、そのなかでも古い建築が**家邊徳時計店**（やべとく）である。創業は明治４年（1871）。現在の建物は明治23年（1890）に建てられた二代目で、平成16年（2004）に国の登録有形文化財となった。

街路に北面して建つ煉瓦造２階建の店舗建築で、内部には金庫室や螺旋階段がある。１階は３連アーチを飾り、２階をセットバックさせる。エンタブレチュア、隅石に加え、豊かな装飾細部を随所に配す。

店舗後方には居住棟が建ち、８畳の座敷がある２階建を中心に、店舗との接続部には平屋建の玄関があり、背後にも平屋建の茶の間や離れを付属する。真壁造、桟瓦葺、端正なつくりの和風建築で、効果的に中庭や坪庭を用いた平面構成になり、京都の町家形式である表屋造の構成とされる。

現存する明治20年代の煉瓦造の商業建築は全国的にも稀少とされる。

22 解答
イ 旧家邊徳時計店

3 建築・庭園・美術に関する記述について、最も適当なものをア～エから選びなさい。

問23 日本のたばこ王と呼ばれた明治大正期の実業家・村井吉兵衛が円山公園の一角に迎賓館として建てた洋館で、明治の和洋折衷住宅の代表例として京都市の有形文化財に指定されているのはどれか。

ア 紫明会館　　イ 弥栄会館
ウ 長楽館　　エ 楽々荘

村井吉兵衛(1864～1926)は、日本初の紙巻煙草「サンライス」で財をなしたことからたばこ王と呼ばれ、円山公園内に建てられた別邸の**長楽館**＝写真＝は迎賓施設として利用された。長楽館は明治42年(1909)に建てられ、設計はアメリカ人建築家のガーディナー、施工は清水組の清水満之助である。3階建て煉瓦造で、外観はルネサンス風。1階広間はルネサンス、客間はロココ、2階喫煙室はイスラム風といったように各空間には異なる意匠が採用されている。また、和館を設けず3階に和室を設け書院と次の間は書院造となっている点が特徴的とされる。

紫明会館は、昭和7年（1932）京都師範学校の創立50周年を記念して建てられた一般のための教育研修会館で、国の登録有形文化財。

弥栄会館は、八坂神社の南西に立つ劇場。

楽々荘は、亀岡市にある旧田中源太郎邸で、現在は、がんこ京都亀岡楽々荘となっている。

23 解答
ウ 長楽館

3 建築・庭園・美術に関する記述について、最も適当なものをア～エから選びなさい。

問24 山県有朋の別邸で、七代目小川治兵衛の作庭になる無鄰菴庭園が、借景としている山はどれか。

ア 愛宕山
イ 鞍馬山
ウ 船岡山
エ 東山

©植彌加藤造園株式会社

無鄰菴庭園が借景としているのは**東山**である。東西に細長い三角形の敷地の西端部に東向きの母屋を配し、正面に東山を望む雄大な空間構成が特徴である。明治時代の元勲・山県有朋の京都の別荘で、明治27年（1894）に山県と同郷の実業家・久原庄三郎の監督のもと、「植治」として知られる七代目小川治兵衛の施工により作庭が開始され、翌28年には山県が直接植治に指示を与え、明治29年に完成した。

借景は「庭園から視界に入る敷地外の景観を、単なる庭園の背景としてではなく、庭園の重要な構成要素の一つととらえて処理すること」である。しかし、無鄰菴の施主である山県有朋の作庭意図は、東山の自然景観と庭園内の景観を連続させるというものであり、現在は借景というより、東山との連続性という認識が浸透しつつある。

愛宕山は、京都市の北西部にある山で、比叡山と並びよく目立っており、信仰の山としても知られる。**船岡山**は、北区にある小山で、船岡山公園として整備されており、東南側に建勲神社がある。

24 解答
エ 東山

3 建築・庭園・美術に関する記述について、最も適当なものをア～エから選びなさい。

問25 武野紹鷗好みとされる茶室・昨夢軒があり、千利休が作庭した直中庭がある大徳寺の塔頭はどこか。

ア 高桐院　　イ 興臨院
ウ 黄梅院　　エ 芳春院

大徳寺塔頭の**黄梅院**（おうばいいん）＝写真＝は、永禄５年（1562）に春林宗俶（しゅんりんそうしゅく）が営んだ庵室「黄梅庵」に始まり、春林の弟子である玉仲宗琇（ぎょくちゅうそうしゅう）が戦国大名の小早川隆景の支援を受けて天正15年（1587）ごろから堂宇を整備、名を黄梅院に改めた。小早川家が絶えた後も、近世の時代を通じて宗家・毛利家の庇護の下にあった。本堂（客殿）は天正16年の建立で、同17年造営の庫裏（いずれも重文）とともに、当時の禅宗塔頭建築の一典型を示す貴重な遺構。後の時代に建った書院の自休軒には、千利休の師・武野紹鷗（たけのじょうおう）好みとされる茶室・昨夢軒（さくむけん）がある。庭園の直中庭（じきちゅうてい）は利休が62歳のころに作庭したという、苔が一面を覆う庭園。

以下、いずれも大徳寺の塔頭で、**高桐院**（こうとういん）は細川忠興が父幽斎のため、玉甫紹琮（ぎょくほじょうぞう）を開山として建立した細川家の菩提寺。**興臨院**（こうりんいん）は能登の守護大名・畠山氏により建立、後に前田利家が再興した。**芳春院**（ほうしゅんいん）は、利家夫人の芳春院が建立した前田家の菩提寺。

25 解答
ウ 黄梅院

3 建築・庭園・美術に関する記述について、最も適当なものをア～エから選びなさい。

問 26 本尊が九体阿弥陀如来であることから別名「九体寺」と呼ばれ、極楽浄土を表現した庭園がある木津川市の寺院はどこか。

ア 浄瑠璃寺　　イ 蟹満寺
ウ 海住山寺　　エ 岩船寺

「石仏の里」として名高い当尾（とうの）（木津川市加茂町）にある**浄瑠璃寺**（じょうるりじ）＝写真＝は、本尊に9体の阿弥陀如来像（すべて国宝）を奉じることから、九体寺とも呼ばれる真言律宗の寺院。寺に伝わる古記録によると、永承（えいしょう）2年（1047）、義明上人によって創建。この後、嘉承（かしょう）2年（1107）に本堂の建て替えを行い、保元（ほうげん）2年（1157）本堂を西岸に移した。その新本堂が現存する本堂（国宝）とされる。庭園は池を中心とする浄土式庭園。池を挟んで西の本堂は平安時代末期の様式を色濃く伝えるもので、西方極楽浄土に住むとされる阿弥陀如来像を安置している。一方、東の三重塔（国宝）には東方瑠璃光浄土に住むとされる薬師如来の像（重文）を安置して、浄土世界を描き出している。

同じ当尾の里にある**岩船寺**（がんせんじ）は行基が建立した阿弥陀堂を起源とする真言律宗寺院。**蟹満寺**（かにまんじ）は真言宗智山派寺院で、『今昔物語集』に出てくる蟹の恩返しで有名な寺。同市加茂町の**海住山寺**（かいじゅうせんじ）は聖武天皇の勅命で良弁が創建したとされる古刹。

26 解答
ア 浄瑠璃寺

3級　2級　1級

3 **建築・庭園・美術に関する記述について、最も適当なものをア〜エから選びなさい。**

問27 曼殊院の小書院の縁先に置かれた手水鉢は、何と呼ばれるか。

ア 檜垣の手水鉢　　イ 露結の手水鉢
ウ 勾玉の手水鉢　　エ 梟の手水鉢

左京区一乗寺竹ノ内町に所在する曼殊院の小書院の縁先に置かれているのは、**梟の手水鉢**（ふくろうのちょうずばち）＝写真＝である。この梟の手水鉢は、梟が羽を閉じて直立しているような姿を四方に浮き彫りにした円形の縁先手水鉢である。そのほか、梟のモチーフが特徴的な石造物として園部町の徳雲寺には四隅に梟が彫出された長方形の手水がある。また、清水寺轟（とどろき）門前にある「梟の手水鉢」の台石の四隅には梟の形が彫出され、四面には四方仏が浮き彫りされている。梟をモチーフとした石造品には長方形が多いなか、曼殊院のものは円形である点も特徴といえよう。

蹲踞（つくばい）の手水鉢は、自然石に水穴を穿ったものが多いが、このほかに石を加工して新たにデザインされたもの、古い石造品を見立てたものなどもある。大徳寺孤篷庵の**露結の手水鉢**は石を加工したもので、圓徳院にある**檜垣の手水鉢**は、宝塔の笠を横にして加工したものであり、東福寺芬陀院（ふんだいん）の**勾玉の手水鉢**は自然石に水穴を穿ったものである。

27 解答
エ 梟の手水鉢

3 建築・庭園・美術に関する記述について、最も適当なものを ア ～ エ から選びなさい。

問28 妙心寺の塔頭・退蔵院の瓢鮎図（国宝）が代表作で、わが国水墨画の創始者の一人とされる室町前期の人物は誰か。

ア 如拙　　イ 呉春
ウ 明兆　　エ 岸駒

瓢鮎図の作者は、室町時代初期、応永年間（1394～1428）ころに活躍した相国寺の画僧・**如拙**（生没年不詳）。「瓢箪で鮎魚（鯰）を押さえ捕れるか」という室町幕府第四代将軍・足利義持の問いかけに応えて如拙が絵を描き、京都五山の禅僧たち31人が各々思うところを漢詩にして画賛とした。かつては参禅者への公案（禅宗における問答のこと）に基づいて制作されたと考えられてきたが、近年の研究では、公案風の問いかけになぞらえ、「鮎魚竹竿にのぼる」（不可能の意）という中国の古いことわざを土台として、つるつる「滑る」鮎魚と竹竿に、同じ「滑る」瓢箪を加えた高度な知的遊戯の産物との理解もなされているという。

呉春（1752～1811）は江戸時代後期の京都の画家。与謝蕪村や円山応挙に学び、両者の特色を統一した詩情や洒脱味に富んだ作風で四条派の祖となった。

明兆（1352～1431）は室町時代初期に東福寺を本拠にした画僧。五百羅漢図や涅槃図など同寺には多くの遺作が伝わる。

岸駒（1756～1838）は加賀出身。京都に出て大成、岸派の祖となり、虎の絵を得意とした。

28 解答
ア 如拙

3 建築・庭園・美術に関する記述について、最も適当なものをア～エから選びなさい。

問 29

日本最初の公立の美術学校である京都府画学校の創立を建議し、竹内栖鳳や上村松園といった画家を育てた人物は誰か。

ア 浅井忠　　イ 横山華山
ウ 幸野楳嶺　　エ 中村大三郎

京都府画学校を建議したのは**幸野楳嶺**（こうのばいれい）（1844～95）。京都に生まれ、幕末から明治の激動期を生きた楳嶺は、京都の自然や風土、生活感情に深く結び付いた円山派や四条派の絵画の伝統を自らの作風に統合、帝室技芸員に昇りつめて新しい日本画の指針を示す一方、私塾や京都府画学校で後進を育成、誰もが出品できて平等な審査を受けられる京都青年絵画研究会を興すなど、明治時代初期の京都画壇の形成に貢献した。門下には竹内栖鳳や菊地芳文、上村松園ら俊才がいる。

浅井忠（1856～1907）は明治洋画の巨匠。京都高等工藝学校（現・京都工芸繊維大学）教授就任で京都に移住、聖護院洋画研究所や関西美術院で後進を指導した。

横山華山（1781～1837）は江戸時代後期の京都で活躍した絵師。諸画派には属さず自由な作風と筆使いで人物、花鳥、山水、祭礼・風俗図を描いた。上下合わせて約30メートルの「祇園祭礼図巻」は代表作。

中村大三郎（1898～1947）は昭和初期に隆盛を見せた現代風俗的美人画をリードした京都の日本画家。

29 解答
ウ 幸野楳嶺

3 建築・庭園・美術に関する記述について、最も適当なものをア～エから選びなさい。

問30 東寺講堂に安置される彫像群の中で、象に乗っているものはどれか。

ア 梵天　イ 帝釈天
ウ 摩利支天　エ 大威徳明王

東寺講堂の仏像群は、ふつう平面に描かれる曼荼羅図を、密教の教えを視覚的に伝えるために仏像を配置して表現しており「立体曼荼羅」と呼ばれる。中央に大日如来など如来像5体、向かって右に金剛波羅蜜菩薩など菩薩像5体、左に不動明王など明王像5体、さらに周りを取り囲むように、増長、広目など四天王と**梵天**、**帝釈天**あわせて21体の仏像が配置されている。このうち象に乗った姿で目を引くのが、向かって左端に置かれた帝釈天半跏像（国宝）。平安時代の作だが、頭部は後代に付け替えられており、当時のままの他像と比べ、穏やかな表情が特徴である。

立体曼荼羅の梵天坐像（国宝）は、帝釈天と同時期の作。四面四臂（顔4つと腕4本）で、4羽の鵞鳥が支える蓮華の上に座している。

同じく**大威徳明王**坐像（国宝）も同じころ造られ、こちらは六面六臂で足が6本という姿で水牛の背にまたがっている。**摩利支天**は仏教の守護神・天部の一柱だが、東寺講堂の仏像群には含まれず、京都では、日蓮宗本山・本法寺や建仁寺塔頭・禅居庵など、摩利支天を祀る寺院がある。

30 解答
イ 帝釈天

4 芸術・文化に関する記述について、最も適当なものを**ア**～**エ**から選びなさい。(31)～(40)

問31 江戸時代に印章は庶民に広まり、三条室町に印判師が住んでいたという。役目を終えた印章を供養する「印章祈願祭」が毎年行われている神社はどこか。

ア 上賀茂神社　　**イ** 下鴨神社
ウ 下御霊神社　　**エ** 市比賣神社

下鴨神社＝写真＝の本殿脇にある印璽社（いんじしゃ）（重文）は、印鑑・契約守護の神として厚い信仰がある。「印章祈願祭」は10月１日の「印章の日」を記念して、毎年９月の最終日曜日に全日本印章業協会の主催で、下鴨神社にて開催されている。西参道に面して鎮座する印納社（いんのうしゃ）にて埋納式が執り行われ、全国から集まった古印章が社殿に納められる。

下御霊神社は、冤罪で亡くなった貴人たちの怨霊を慰撫するために平安時代初期に下出雲路に建立された。その後、千本出水に移転し、天正18年（1590）に豊臣秀吉の寺社整理に伴って現在地へ移された。現在は、御所の産土神として御霊八所神を祀るとされる。

下京区の**市比賣神社**の祭神は、すべて女神であることから女性の守り神とされ、特に「女人厄除け」の神として参拝者が絶えない。

31 解答
イ 下鴨神社

4 芸術・文化に関する記述について、最も適当なものをア～エから選びなさい。

問32

江戸後期に中国明代の磁器を手本に古染付、赤絵に独自の境地を開き、弟子に青木木米らがいる陶芸家は誰か。

ア 奥田頴川　　イ 尾形乾山
ウ 野々村仁清　　エ 欽古堂亀祐

江戸時代後期の陶芸家で、中国明代の磁器を手本に古染付、赤絵に独自の境地を開き、青木木米（もくべい）らを弟子に持つのは**奥田頴川**（えいせん）（1753～1811）。頴川、**尾形乾山**（おがたけんざん）（1663～1743）、**野々村仁清**（にんせい）（生没年不詳）、**欽古堂亀祐**（きんこどうかめのすけ）（1765～1837）はいずれも京焼の陶工である。

京焼は、慶長年間（1596～1615）の初めごろから京都の粟田口を中心に興り、茶人が好む唐物写しや高麗写しなどの茶陶器をつくる窯として発展、それに仁清の色絵陶器と弟子の乾山の雅な陶風が加わり、京焼の第一黄金期を築いた。その後、京焼に新風を吹き込み、さらに大きな事業展開のきっかけとなったのが、中国明末期から清初期にかけての青花磁器（古染付、祥瑞（しゅんずい）・呉須（ごす）染付など）や五彩磁器（天啓赤絵、南京赤絵、呉須赤絵など）と肥前磁器が多量に流入したこと。頴川は、乾山らの磁器焼成の試みを受け継ぎながら、本格的な磁器焼成を成し遂げて独自の境地を開いた。弟子の木米と亀祐らとともに京焼の第二の黄金期を築いた。

32 解答
ア 奥田頴川

4 芸術・文化に関する記述について、最も適当なものをア～エから選びなさい。

問33 名古曽滝を歌に詠んだ小倉百人一首の歌人で、三十六歌仙を選んだとされる人物は誰か。

ア 西行　　イ 和泉式部
ウ 藤原公任　　エ 藤原家隆

平安時代初期に嵯峨天皇が造営した離宮である嵯峨院の庭園の園池が現在の大沢池であり、名古曽（なこそ）の滝はそこにあった。嵯峨院は貞観18年（876）に嵯峨天皇の皇女・正子内親王により大覚寺となった。北方の上嵯峨山中から流れ出る谷川を、堤を築いて堰き止めたのが大沢池で、池の北部には西に天神島、東に菊ヶ島を配する。池の北方約100メートルには「名古曽滝跡」として残る滝石組がある。近年の発掘調査ではこの滝石組から大沢池に至る平安時代の素掘りの遣水（やりみず）の遺構が見つかった。

『拾遺和歌集』にある「滝の音は　絶えて久しく　なりぬれど　名こそ流れて　なほ聞こえけれ」と名古曽滝を詠んだのは、**藤原公任**（966～1041）である。公任は、平安時代中期の大納言で歌人。この歌にあるように平安時代中期にはすでに水は枯れていたことがわかる。

大沢池は「大沢池　附　名古曽滝」という名称で、大正11年（1922）に国の名勝に指定された。

33 解答
ウ 藤原公任

4 芸術・文化に関する記述について、最も適当なものを**ア**～**エ**から選びなさい。

問34 後水尾天皇に召されて禁裏の花会を指導し、立華を大成した人物は誰か。

ア 初代池坊専好　　**イ** 二代池坊専好

ウ 池坊専応　　**エ** 池坊専慶

二代池坊専好（1575～1658）は、寛永元年（1624）から禁裏の花会に参加し、公家に技法を教えたり、作品に順位をつけたりするなどした。寛永6年（1629）に後水尾天皇が退位した後は、上皇の仙洞御所で開かれた花会に引き続き参加し、長く立華の指導者として活躍した。作品図も『立花之次第九拾三瓶有』（重文、華道家元池坊総務所蔵）＝写真＝をはじめ多く残っている。

池坊専慶（生没年不詳）は、禅僧太極の日記『碧山日録』によれば、寛正3年（1462）、室町幕府に仕える武士・鞍智高春に招かれて花を挿したところ、洛中の好事家たちが競って鑑賞したという。

池坊専応（センノウとも、1483～1543）は、理論や技法をまとめた花伝書を著した。世間には『専応口伝』の名で広まり、川端康成のノーベル賞受賞記念講演でも口伝の一節が引用された。

初代池坊専好（？～1621）は、織田信長・豊臣秀吉の時代に活躍し、武家屋敷に豪華な作品を飾った。慶長4年（1599）、京都の大雲院で弟子100人が作品を出す花会が開かれた。

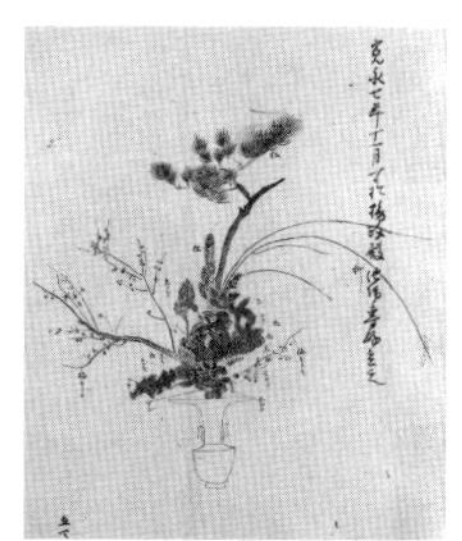

34 解答
イ 二代池坊専好

4 芸術・文化に関する記述について、最も適当なものをア～エから選びなさい。

問35 「御家流」香道の祖とされ、歌道、書道にも堪能であることから室町時代最高の文化人と呼ばれ、武野紹鷗にも影響を与えた人物は誰か。

ア 飛鳥井雅経　イ 冷泉為相
ウ 三條西実隆　エ 一條兼良

「御家流(おいえ)」香道の祖とされ、歌道、書道にも堪能であることから室町時代最高の文化人と呼ばれたのは、室町時代後期から戦国時代にかけての公卿・**三條西実隆**(さんじょうにしさねたか)（1455～1537）である。「御家流」香道は平安時代の貴族の間で行われてきた和歌や薫物遊びが源流で優雅さを尊ぶ。武野紹鷗(たけのじょうおう)は、実隆を師として和歌連歌を学んだ。紹鷗が茶の和様化に進んだ根底には実隆のもとで和学の教養を積んだことがあげられる。

飛鳥井雅経(あすかいまさつね)（1170～1221）は鎌倉時代前期の公卿。形部卿・藤原（難波）頼経の次男で飛鳥井家の祖。蹴鞠(けまり)と和歌両道の家としての繁栄の礎を築いた。**冷泉為相**(れいぜいためすけ)（1263～1328）は、鎌倉時代後期の公卿で歌人。藤原為家の四男、冷泉家の祖。**一條兼良**(かねよし)（カネラとも）（1402～81）は、室町時代前期の公卿で学者。歴史や有職故実に通じた。『公事根源』や源氏物語注釈書の『花鳥余情』などを著す。

35 解答
ウ 三條西実隆

4 芸術・文化に関する記述について、最も適当なものをア～エから選びなさい。

問 36 千宗旦の次男の一翁宗守が興した武者小路千家にある代表的茶室はどれか。

ア 今日庵　　イ 燕庵

ウ 不審菴　　エ 官休庵

武者小路千家は武者小路通と小川通の交差点北東にある。敷地の北奥にある代表的茶室である**官休庵**＝写真＝は、流儀それ自体を言い表すときにも用いられる。

外露地と内露地を区切る檜皮葺(ひわだぶ)きの中門は、その形状から「編笠門」と呼ばれる。躙口(にじりぐち)は南に向いており、踏石は通常5寸ほどのところ7寸5分とやや高めで、その脇に萩垣が配される。内部は一畳台目向切りで、点前座と客畳との間に幅5寸1分の半板を入れる。天井は一面に蒲天井を張り、板間の部分のみ化粧屋根裏とする。外観は入母屋造の妻を現し、その前に杮葺(こけらぶ)きの庇を付け降ろす。

現存の茶室は官休庵九代目・愈好斎(ゆこうさい)によって大正15年（1926）に再建されたものだが、当初の形式をそのままに踏襲するという。

36 解答
エ 官休庵

3級 2級 1級

4 芸術・文化に関する記述について、最も適当なものをア～エから選びなさい。

篝火の焚かれる幻想的な雰囲気の中で開催される京都薪能は今年（2019）、70回目を迎えた。この行事が行われる場所はどこか。

ア 二条城
イ 西本願寺
ウ 八坂神社
エ 平安神宮

京都薪能は、奈良興福寺にルーツをもつ薪御能にならって創始された野外演能で、各地に薪能ブームが起こったその先駆けとなった。近年では毎年6月1日、2日に開催されるが、その場所は**平安神宮**。朱塗り鮮やかな大極殿を背景に特設能舞台が設えられ、その美しさには定評がある。

寛永3年（1626）の後水尾天皇の行幸の際、**二条城**二の丸御殿大広間南側に能舞台が設けられたが、現存していない。

西本願寺には、北能舞台（国宝）と南能舞台（重文）がある。北能舞台は天正9年（1581）の造営で日本最古、南能舞台は現存する日本最大級の能舞台とされる。

八坂神社の能舞台は、南楼門を入ってすぐの場所にある。毎年、新年3日の朝に初能奉納があり、その午後に能舞台を会場として、かるた始め式が行われる。

37 解答
エ 平安神宮

4 芸術・文化に関する記述について、最も適当なものをア～エから選びなさい。

京舞井上流の初世井上八千代が近衛家で舞を学んで、賜った流儀の紋はどれか。

ア 井菱　　イ 木瓜

ウ 桔梗　　エ 五七桐

京舞井上流が流儀の紋としているのは**井菱**＝イラスト＝である。京舞井上流の初世が近衛家で舞を学び、才能を見出されたのは江戸時代後期のこと。その近衛家から賜ったのが八千代の名と井菱の紋である。都をどり創設に尽力したのが三世井上八千代、当世の人間国宝・井上八千代は五世家元である。

木瓜は、八坂神社の神紋で、素戔嗚尊を祭神とする八坂神社系列の多くも木瓜紋を用いている。

桔梗は、明智光秀が使用した家紋。主君であった織田信長を討ち、光秀が羽柴秀吉によって滅ぼされた後は「裏切り者の家紋」とされて、桔梗紋を変更する大名も現れたという。

五七桐は、その秀吉が豊臣姓を名乗ってから愛用した家紋で、それまでは五三桐であった。五七桐との違いは、桐の花の数が3・5・3か5・7・5かによる。

38 解答
ア 井菱

4 **芸術・文化に関する記述について、最も適当なものをア～エから選びなさい。**

問39 上七軒で今年（2019）、70回を迎えた秋の舞踊公演はどれか。

ア 温習会　　イ 水明会

ウ みずゑ会　　エ 寿会

北野の花街・上七軒の発祥は、室町時代の中期にまでさかのぼり、北野天満宮修築のための余材で建てられた七軒の茶屋を起源とする。北野天満宮に近接し、絹織物の産地である西陣と結び付きながら格式を持って発展してきた。芸達者な芸妓舞妓を抱え、春の舞踊公演「北野をどり」に対して、秋には「**寿会**」＝写真＝を催す。寿会の「寿」の文字は江戸時代における上七軒の「寿仲間」に由来する。令和元年（2019）の10月に開催された第70回の寿会は「新元号記念」と銘打ち、幕開けには御祝儀『雛鶴三番叟』が上演された。

「春のをどり」を催すほかの花街でも、秋には日ごろのお稽古の成果を披露する公演を行う。祇園甲部では「**温習会**」、宮川町では「**みずゑ會**」、先斗町では「**水明会**」がそれぞれ開催される。ショー的な華やかさの加わる「春のをどり」に対して、秋の舞踊公演は各花街の技芸の実力をじっくり味わえるとの評判もある。

39 解答
エ 寿会

4 芸術・文化に関する記述について、最も適当なものをア～エから選びなさい。

舞妓が芸妓になる前の約2週間しか見ることができない髪型は何か。

ア 奴島田　　イ 先笄

ウ 割れしのぶ　　エ おふく

舞妓のまばゆいばかりの姿はただ美しいだけでなく、そこには舞妓の経歴までもがしきたりとして様式化されている。髪型一つとっても、舞妓になった年月を読み取ることができる。「仕込み」の修業の時期を終えて、舞妓としての「店出し」が決まれば、お座敷の見習いがある。この時期の舞妓の髪は地毛で結った「**割しのぶ**」に「ビラ簪（かんざし）」を両側につける。晴れて「店出し」を迎えると、割しのぶの結髪に赤い鹿子、かわいらしい簪や鼈甲の櫛などで飾る。舞妓として一人前になると、割しのぶの鬢を少しふくらませた「**おふく**」となる。特別の日の髪型もあって、新年の「始業式」などの正装の時には、襟足の白粉を三本足に塗って「**奴島田**（やっこ）」に結う。祇園祭の時期に限り「勝山」という髪型になる。舞妓から芸妓になることを「襟替え」というが、襟替えが近づいてくると髪型は「**先笄**（さっこう）」に結う。髪の上に「橋」と呼ばれる髷（まげ）がついた独特の髪型だ。先笄に結って2週間ほどが過ぎると、元結（もとゆい）を切って舞妓から芸妓へと変わるのである。

40 解答
イ 先笄

5 祭りと行事に関する記述について、最も適当なものを**ア**～**エ**から選びなさい。(41)～(50)

問 41 3月14日から16日、日本最大級の涅槃図が公開される涅槃会が行われる、皇室と関わりが深い寺院はどこか。

ア 東福寺　**イ** 真如堂
ウ 本法寺　**エ** 泉涌寺

涅槃会(ねはんえ)は、釈迦の命日（陰暦2月15日）を偲ぶ法要のこと。京都では2月15日、または3月15日を中心に、釈迦入滅の情景を描いた涅槃図を掲げて法会(ほうえ)が営まれる。

京都の寺には、日本最大級とされるサイズのものなど、特徴ある大涅槃図が伝わっている。このうち皇室と関わりが深いといえば、御寺(みてら)と呼ばれる**泉涌寺**(せんにゅうじ)である。ここには縦約16メートル×横約8メートルという日本最大の涅槃図があり、釈迦入滅の情景を再現するべく等身大サイズで描かれている。コの字の掛け方（正面に釈迦と弟子、下面に動物、真上に月が来る）も、これが理由とされる。

それに続く大涅槃図は、泉涌寺に近い**東福寺**（現在、修復中のため非公開）。縦約12メートル×横約6メートルで、画僧・明兆(みんちょう)筆。猫が描かれているのが珍しい。

次に続くのは、西陣にある**本法寺**(ほんぽうじ)の涅槃図。縦約10メートル×横約6メートルで、長谷川等伯(はせがわとうはく)筆として知られている。

最後は**真如堂**(しんにょどう)の涅槃図で、縦約6メートル余×横約4メートル余。日本最多とされる127種類の生き物が描かれている。

41 解答
エ 泉涌寺

5 祭りと行事に関する記述について、最も適当なものをア～エから選びなさい。

問42 4月に清凉寺で行われる嵯峨大念仏狂言の演目は「カタモン」と「ヤワラカモン」の二種類に大別される。初日の最初に上演される定番の「ヤワラカモン」の演目は何か。

ア 花盗人　　イ 餓鬼角力
ウ 土蜘蛛　　エ 羅生門

嵯峨大念仏狂言＝写真＝は、京都のまちに伝わる三大念仏狂言の一つであり、ほかの２つは壬生寺に伝わる壬生狂言こと壬生大念仏狂言、西陣の千本ゑんま堂に伝わるゑんま堂大念仏狂言である。嵯峨大念仏狂言は、壬生狂言と同様の無言劇で、鎌倉時代に円覚上人(1223～1311)が始めたとされている。

演目を「カタモン」と「ヤワラカモン」という独特の呼び方で分類するのが嵯峨大念仏狂言の特徴で、公演では「カタモン」と「ヤワラカモン」が交互に配されるのがならわしとなっている。

「カタモン」は能系統の演目のことで、『**土蜘蛛**』『**羅生門**』はこれに分類される。「ヤワラカモン」はコミカルな演目をいい、『**花盗人**（ハナヌスットとも）』『**餓鬼角力**』はこちらに入る。とくに４月第１日曜日から始まる春季公演では、初日の最初を『花盗人』、３日目となる最終日の最後の演目を『餓鬼角力』とするのが定番となっている。

42 解答
ア 花盗人

5 祭りと行事に関する記述について、最も適当なものをア～エから選びなさい。

問 43 葵祭の社頭の儀で、御祭文の奏上をするのは誰か。

ア 検非違使　イ 勅使
ウ 山城使　エ 内蔵使

葵祭の社頭の儀とは、路頭の儀で京都御所から行列を連ねた後、下鴨神社と上賀茂神社、両社到着後に境内で行われる儀式のことをいう。

勅祭における御祭文（宣命のこと）は、天皇が国家繁栄・国家安泰を各々の神に祈るもので、祭りのクライマックスともいえる。実際には天皇のお使いとして**勅使**がつかわされ、御祭文を奏上する。したがって勅使は行列中最高位の人であり、装束は黒の束帯姿。現在は宮内庁より派遣されている。なお、葵祭の御祭文には紅色の料紙が用いられ、他の勅祭とは色を異にする。

内蔵使は緋色の装束で、行列の中心をなす近衛府の列に属し、御祭文の奏上に先立って神に捧げる御幣物を奉献し、次に勅使が奏上する御祭文を預かり持つ。

山城使は同じく緋色の装束で、国司庁の次官。現在の京都府副知事に相当する。

検非違使は、行列や祭場の警備にあたる検非違使庁の役人である。

43 解答
イ 勅使

5 祭りと行事に関する記述について、最も適当なものを**ア**～**エ**から選びなさい。

祇園祭の鉾の中で、孟嘗君が家来の鶏の鳴きまねによって関を脱出したという中国の故事に由来する鉾はどれか。

ア 函谷鉾　　イ 月鉾
ウ 綾傘鉾　　エ 菊水鉾

中国戦国時代（紀元前403～221）のこと、斉の孟嘗君が鶏の鳴きまねによって脱出できた関の名前は函谷関。したがって、その鉾は**函谷鉾**である。鉾頭の月と山型は函谷関から見上げる暁の山稜を表し、真木なかほどの天王座に孟嘗君、その下に雌雄の鶏を添えている。函谷鉾はくじ取らずで、必ず前祭の先頭から5番目を巡行する。

月鉾は、鉾頭に新月（三日月の形）を付けることからこの名がある。屋根裏の「金地彩色草花図」は円山応挙筆。破風蟇股のウサギの彫刻は左甚五郎作と伝えられ、軒桁貝尽しの錺金具は松村景文の下絵、天水引の霊獣図刺繍は応挙の孫・円山応震の下絵など、見どころ豊富な鉾である。

綾傘鉾は、風流傘の姿を残す、山鉾の非常に古い形態の一つといえる。古風な棒ふり囃子を今に伝える。

菊水鉾は、町内にあった井戸、菊水井にちなむ。鉾頭に金色の菊花を付け、稚児人形には菊慈童を祀る。

44 解答
ア 函谷鉾

5 祭りと行事に関する記述について、最も適当なものをア～エから選びなさい。

問45 祇園祭の山の中で、金の烏帽子を被り大長刀を持つ瀬織津姫尊を祀り、盗難除けのご利益がある山はどれか。

ア 鯉山　　イ 鈴鹿山
ウ 占出山　　エ 保昌山

解答は**鈴鹿山**（すずかやま）である。金の烏帽子（えぼし）に能面をつけ、扇と大長刀（おおなぎなた）を持つ瀬織津姫尊（せおりつひめのみこと）がご神体で、山鉾のなかで唯一の美女像ともされている。これが実は鈴鹿権現（ごんげん）で、鈴鹿山に出没した悪鬼（あっき）を退治した伝説に由来する。山後方の真松（しんまつ）には鈴鹿の山を表す絵馬が掛けられ、これに盗難除けのご利益があるとして巡行後に町内の住人に授与される。

山の上に巨大な鯉が跳躍する**鯉山**（こいやま）は、前懸・胴懸2枚・水引2枚・見送すべてに16世紀ベルギー・ブリュッセル製の1枚のタペストリーを裁断したものが使用されている。重文に指定されている。

占出山（うらでやま）は、鮎を釣り戦勝を占ったという神功皇后（じんぐうこうごう）がご神体。安産の神とされる神功皇后だけに、巡行のくじ順が早い年はお産が軽いといわれて、安産祈願の山として信仰されている。

保昌山（ほうしょうやま）はご神体が武者姿の平井保昌（ひらいやすまさ）で、和泉（いずみ）式部のために紅梅の枝を手折ってくる場面を表す。その恋物語から、縁結びのお守りが授与されている。

45 解答
イ 鈴鹿山

5 祭りと行事に関する記述について、最も適当なものをア～エから選びなさい。

問46 8月22日から23日、六地蔵巡りが行われるが、このうち丹波・山陰街道にある通称・桂地蔵と呼ばれる寺院はどこか。

ア 地蔵寺　　イ 源光寺
ウ 上善寺　　エ 大善寺

京の六地蔵巡りは、旧街道の入り口に地蔵菩薩を安置した6寺を巡るという民間信仰。このうち桂地蔵と呼ばれるのは**地蔵寺**である。

以下に地蔵名と寺名、旧街道名をまとめるので整理しておこう。

1）伏見六地蔵（**大善寺**）――
　　奈良街道（JR・京阪宇治線・地下鉄東西線
　　　　「六地蔵」駅下車）
2）鳥羽地蔵（浄禅寺）――
　　鳥羽(西国)街道（近鉄京都線・地下鉄烏丸線
　　　　「竹田」駅下車）
3）桂地蔵（地蔵寺）――
　　山陰街道（阪急「桂」駅下車）
4）常盤地蔵（**源光寺**）――
　　周山街道（嵐電北野線「常盤」駅下車）
5）鞍馬口地蔵（**上善寺**）――
　　鞍馬街道（地下鉄烏丸線「鞍馬口」駅下車）
6）山科地蔵（徳林庵）――
　　東海道（JR・地下鉄東西線「山科」駅、
　　　　京阪京津線「京阪山科」駅下車）

46 解答
ア 地蔵寺

5 祭りと行事に関する記述について、最も適当なものをア～エから選びなさい。

問47 名水「染井」があり、9月下旬の週末に「萩まつり」が行われる神社はどこか。

ア 平野神社　　イ 松尾大社
ウ 梨木神社　　エ 長岡天満宮

京都三名水の一つ「染井」が境内にあり、また萩の名所として「萩の宮」の名もある神社といえば、京都御苑に接して建つ**梨木神社**（なしのき）＝写真＝である。明治維新の功労者であった三条実万（さねつむ）・実美（さねとみ）父子の三条家邸宅が御苑側にあったことから、明治18年（1885）、実万・実美父子を祭神として邸宅跡の東に神社が創建された。名水「染井」は、もとは宮中の染殿（そめどの）で使われたことに因むとも。縣井、左女牛井（さめがい）とともに京都三名水と称される。

平野神社は、桜の名所。奈良の平城京から長岡京を経て、平安遷都と同時に遷座された古社である。

松尾大社（まつのお）は、酒の神。境内の霊泉（れいせん）「亀の井」の水を醸造時に混ぜると家門が繁栄するとの言い伝えがある。

長岡天満宮は、キリシマツツジの名所。八条ケ池に映える一面真紅の光景に圧倒される。長岡京市の天然記念物に指定されている。

47 解答
ウ 梨木神社

5 祭りと行事に関する記述について、最も適当なものをア～エから選びなさい。

問 48

御香宮神社の神幸祭は、伏見九郷の総鎮守の祭りであることから「伏見祭」とも呼ばれるが、出し物が由来になっているもう一つの通称はどれか。

ア 櫛祭
イ 瑞饋祭
ウ やすらい祭
エ 花傘祭

御香宮(ごこうのみや)神社の神幸祭(しんこうさい)、別名・伏見祭(ふしみまつり)では、お迎え提灯として各町内より花傘が神社を目指すので、**花傘祭**(はながさまつり)＝写真＝とも通称される。この花傘は、室町時代の風流傘(ふりゅうがさ)の伝統を今日に伝える貴重なものだ。

現在は10月上旬に9日間続くが、花傘総参宮日とされるのは初日の夜と8日目の宵宮祭の夜。祭り期間中は御香宮の境内に露店がずらりと並び、神輿(みこし)が巡行する最終日には伏見のまちが熱気に包まれる。

やすらい祭は京の三奇祭の一つ。4月第2日曜、今宮(いまみや)神社の摂社・疫神社の祭礼として行われる。

櫛祭(くしまつり)は9月第4月曜、時代ごとの日本髪を結う美容師の技術伝承を目的として、安井金比羅宮(やすいこんぴらぐう)から祇園方面へ時代風俗行列が出発する。

ずいき祭は10月1日～5日に行われる北野天満宮の大祭。ズイキなどの野菜や乾物で飾ったずいき神輿が御旅所(おたびしょ)に渡る。

48 解答
エ 花傘祭

5 祭りと行事に関する記述について、最も適当なものを**ア**～**エ**から選びなさい。

問49

時代祭の行列の中で、平成19年（2007）の桓武天皇千二百年記念大祭を機に加わった行列はどれか。

ア 弓箭組　　イ 室町幕府執政列

ウ 維新志士列　　エ 江戸時代婦人列

平成19年（2007）に加わった行列は室町時代列で、**室町幕府執政（しっせい）列**＝写真＝と室町洛中風俗列の２列からなる。それまでの時代祭行列は、室町幕府を開いた足利尊氏が逆臣だという史観から室町時代が抜け落ちていた。新しい行列が加わったのは41年ぶりで、それまでは次に挙げる**維新志士列**がもっとも新しい行列であった。

その維新志士列は、昭和41年（1966）の孝明天皇百年祭を機に加わった。桂小五郎（こごろう）、西郷吉之助、坂本龍馬といった若い志士列を京都青年会議所が担当奉仕している。

江戸時代婦人列は、和宮（かずのみや）に始まり大田垣蓮月（れんげつ）、中村内蔵助（くらのすけ）の妻、出雲阿国（いずものおくに）など、江戸時代に話題となった女性が次々と登場する。

弓箭組（きゅうせん）は古来、弓矢の技術に秀でた京都府内の有志が、時代祭創設当初より祭神の警護を担ってきた。その伝統が継承され、現在も時代祭行列の最後尾を締めくくる。

49 解答
イ 室町幕府執政列

5 祭りと行事に関する記述について、最も適当なものをア～エから選びなさい。

問50 明智光秀の娘である細川ガラシャが細川忠興と新婚時代を過ごした地で、毎年11月に「ガラシャ祭」が開催されるのはどこか。

ア 城陽市　　イ 大山崎町
ウ 向日市　　エ 長岡京市

令和2年（2020）の大河ドラマは「麒麟がくる」。2019年にもすでに出題されており、明智光秀（？～1582）関係の流れは押さえておきたい。

毎年11月に「ガラシャ祭」＝写真＝が開催されているのは、**長岡京市**である。明智光秀の娘・玉（のちのガラシャ）（1563～1600）が細川忠興（1563～1645）に輿入れしたときの行列を再現する祭りで、市民を中心に約1000人が時代衣装で勝竜寺城公園までを練り歩く。勝竜寺城公園は、玉が新婚時代を過ごした地である。

大河ドラマの推進協議会では「光秀・ガラシャ・幽斎・忠興ゆかりの地を巡ろう！」としているので、明智光秀だけでなく、細川ガラシャから細川幽斎（藤孝）・忠興（三斎）まで、ゆかりの地を広げて調べておきたい。

大山崎町には、天王山の戦いともいわれる山崎合戦が繰り広げられた古戦場跡がある。光秀の本陣があったとされる場所には石碑が建っている。

50 解答
エ 長岡京市

6 京料理、京菓子、ならわし、ことばと伝説に関する記述について、(　　　)に入れる最も適当なものをア～エから選びなさい。(51)～(60)

問51 (　　　)では、神事の後、献茶式や舞楽奉納、生間流の式庖丁が披露される。

ア 貴船の水まつり　イ 鞍馬の火祭
ウ 棚倉の居籠祭　エ 了徳寺の大根焚き

貴船(きふね)神社の創建は平安時代以前といわれているが、詳細はわからない。平安京の造営により、この地が賀茂川の上流にあたることから、都に水をもたらす神として崇敬を集めるようになった。本宮と奥宮に祀る祭神は、水を司る高龗神(たかおかみのかみ)である。毎年7月7日の**貴船の水まつり**＝写真＝は、雨乞いの神事に由来し、水の恩恵に感謝して水の恵みを祈願する祭礼。裏千家による奉茶式や生間流家元による式庖丁の儀、樂辰會による舞楽奉納の儀などが行われる。また五節供神事の一つ「笹の節供」である「七夕神事」もあわせて執り行われる。京都の人の水の神への信仰は厚く、この日は料理店や酒造業、菓子屋など水を生命線としている業者が集まってにぎわう。

鞍馬の火祭は由岐(ゆき)神社の祭礼で、京の三奇祭の一つ。**棚倉の居籠祭(いごもりまつり)**は木津川市山城町の涌出宮（和伎座天乃夫岐賣(わきにますあめのふきめ)神社）の祭礼で、南山城地方最古の祭。**了徳寺(りょうとくじ)の大根焚き(だいこだき)**は、鳴滝の了徳寺の報恩講の通称。

51 解答
ア 貴船の水まつり

6 **京料理、京菓子、ならわし、ことばと伝説に関する記述について、(　　　) に入れる最も適当なものをア～エから選びなさい。**

問52 京都の商家などで毎月８日・18日・28日と、８が付く日に(　　　)を食べる習慣がある。

ア なます　　イ いもぼう
ウ おから　　エ あらめ

京都の一般家庭の食生活のなかで、代々受け継がれてきたおかずのことを「おばんざい」という。おばんざいは旬の野菜を中心にして、大豆の加工品や海産物の乾物などを組み合わせて調理するものが多く、栄養のバランスもよい。おばんざいのなかには、暮らしに節目をつける「おきまり」の献立もある。

毎月、８のつく日には海藻の**あらめ**＝写真はイメージ＝と油揚げを煮つける。末広がりの「八」とあらめの「め」にかけて「良い芽が出るように」と、縁起を担ぐいわれもある。

毎月１日には「まめに（勤勉に）生活できるように」との思いから「小豆ご飯」を炊いた。副食には鰊（にしん）と昆布を煮つけた「にしん昆布」や、大根などの「**なます**」をつけることが常であった。15日には再び「小豆ご飯」。棒鱈（ぼうだら）と海老芋（あるいは小芋）の炊き合わせに「なます」の献立となる。「おきまり」の料理は商家での決めごとである場合が多く、多忙な月末には手間いらずの「**おから**」を炒った。「炒る」という言葉から「お金が入るように」と験を担いだともされる。

52 解答
エ あらめ

6 京料理、京菓子、ならわし、ことばと伝説に関する記述について、（　　）に入れる最も適当なものをア〜エから選びなさい。

問53 辛みがなく、肉厚で食べごたえのある万願寺とうがらしは、もともと（　　）市の万願寺地区で栽培されてきた。

ア 京丹後　　イ 亀岡
ウ 舞鶴　　エ 南丹

万願寺とうがらしは京都以外の地でも栽培され、全国どこででも購入することが可能だ。しかし「ブランド京野菜（京のブランド産品）」に認められている「万願寺甘とう」＝写真＝の栽培は、**舞鶴市**と綾部市、福知山市の一部の地域に限られている。

万願寺とうがらしは、諸説あるが大正時代に舞鶴市の万願寺地区で誕生したとも伝えられる。地域内で細々と栽培が続けられていた万願寺とうがらしであったが、昭和58年（1983）に京都府の野菜のブランド化方針により「万願寺甘とう」として本格的な生産と出荷がスタート。平成元年（1989）には京のふるさと産品協会より、京のブランド産品の第一号として認証された。

万願寺甘とうの味の特徴は、名前のとおり甘くて香り高く、辛味がない。種が少なくて肉厚、艶のある濃い緑色をしている。長さは10センチ以上。さらに京のブランド産品としての出荷が認められるのは、13センチから23センチまでの長さで、姿の美しいものと決められている。

53 解答
ウ 舞鶴

6 京料理、京菓子、ならわし、ことばと伝説に関する記述について、（　　　）に入れる最も適当なものをア～エから選びなさい。

問54 （　　　）はカステラやボーロなどとともに、室町時代にポルトガル人との交流によって伝えられた南蛮菓子である。

ア 金平糖　イ 落雁
ウ タピオカ　エ ようかん

安土桃山時代、ポルトガルやスペインなどから、キリスト教の宣教師や貿易商が日本を訪れ、ヨーロッパの物資を持ち込んだ。そのなかには、**金平糖**＝写真＝や有平糖（あるへいとう）などの砂糖菓子、卵を使用したカステラやボーロなどの焼き菓子が含まれていた。これらは南蛮菓子と呼ばれ、それまで卵や多量の砂糖を使ってこなかった日本人にとっては、味わったことのない魅力にあふれる食べ物であった。南蛮菓子が歴史的に語られる出来事として、宣教師のルイス・フロイスが織田信長にフラスコに入った金平糖を贈った事例は有名である。

南蛮菓子より時代が古く、日本の菓子の歴史に大きな影響を与えたのは、鎌倉時代に禅とともに中国から伝来した点心。点心の中には漢字で表すと「羹」の字のつく食物が多く、小麦粉や砂糖、小豆、山芋などを練って蒸したものもあったようで、蒸し**ようかん**の原型がうかがえる。寒天を使った煉りようかんが考案されるのは江戸時代に入ってからである。饅頭も点心由来の菓子。

54 解答
ア 金平糖

3級
2級
1級

6 京料理、京菓子、ならわし、ことばと伝説に関する記述について、(　　　) に入れる最も適当なものを ア ～ エ から選びなさい。

問 55　(　　　) は年に1度、聖護院の節分護摩供の日に販売される。

ア 走井餅　　　イ 法螺貝餅
ウ 粟餅　　　エ 鎌餅

節分の日を迎えると、京都市内の多くの寺社では節分会や節分祭が執り行われる。本山修験宗の総本山で山伏（修験者）の寺院である聖護院では、採燈大護摩供が厳修される。聖護院では長らく「**法螺貝餅**」＝写真＝という供饌（ぐせん）菓子が調製されていた。法螺貝餅の名前は、山伏の携えている法具の笛・法螺貝より付けられている。聖護院は門跡寺院として格式の高い寺であり、江戸時代末期に御所が炎上したおりには、孝明天皇の仮御所となったが、その際にも、天皇に法螺貝餅が献上されたと伝えられる。その後、聖護院が一般にも門戸を開くのに際して、法螺貝餅の製菓は菓子司に託され、意匠と製法に工夫がなされ、今日の法螺貝餅が完成した。この菓子が柏屋光貞によって、節分の日だけに販売される法螺貝餅である。白味噌の餡と、法螺貝の吹き口に見立てたゴボウを、薄い焼き皮で貝のように巻き上げてある。

走井餅（はしりいもち）は大津の逢坂峠の走井ゆかりの菓子で、石清水八幡宮の門前菓子。**粟餅**は北野天満宮の門前菓子。**鎌餅**は鞍馬口の茶店からはじまった銘菓。

55 解答
イ 法螺貝餅

 京料理、京菓子、ならわし、ことばと伝説に関する記述について、（　　）に入れる最も適当なものをア～エから選びなさい。

問56 旧家などで見られる「十二月十二日」の逆さ札は（　　）のまじないである。

ア 火除け　イ 疫病除け

ウ 雷除け　エ 盗難除け

「十二月十二日」と書いた紙の札を玄関の戸口の上などに逆さまに貼るのは、泥棒除け・**盗難除け**のまじないとされている＝イラスト＝。なぜ「十二月十二日」かというと、天下の大泥棒・石川五右衛門に因むという説がある。一説には、実はこの日が五右衛門の生まれた日で、これを逆さにすることで死んだ日を表すとか。三条河原で釜炒りにされ処刑された様子を泥棒に想像させるのだろう。また、天井から侵入してくる泥棒に読みやすいようにともいわれるが、真偽のほどはわからない。

火除けの御札といえば、「阿多古祀符火迺要慎（あたごしふひのようじん）」と書かれた愛宕（あたご）神社の御札を京都ではよく見かける。それを台所に貼るのがならわしだ。

疫病除け・厄除けでは元三（がんざん）大師のお札として、角（つの）大師の護符を見かける。戸口に貼っておくとよいといわれる。

雷除けは、北野天満宮の摂社である火之御子社（ひのみこしゃ）のお札が知られている。6月1日が雷除大祭（かみなりよけたいさい）で、その日に雷除けのお札やお守りが授与される。

56 解答
エ 盗難除け

6 京料理、京菓子、ならわし、ことばと伝説に関する記述について、（　　）に入れる最も適当なものをア〜エから選びなさい。

問57 京ことばで、作ってから日数の経た食べ物のことを（　　）と表現する。

ア ウサル　　イ ヒマセ
ウ ベベタ　　エ ダンナイ

「そのおかず、**ヒマセ**やし、お味どうやろ」などと使うように、作ってから日数の経過した食べ物のことを、京ことばで「ヒマセ」という。「日増し」「日増せる」と漢字で書けば、語源がわかりやすいだろう。

京ことばで「**ウサル**」は、あり余るという意味。「この商品は、どこにでもウサルほどあるから、あわてて買うことはない」などと言ったりする。

「**ベベタ**」は、ビリ、最下位、最後のこと。「学区の運動会で走ったら、ベベタでショックやったわ」などと用いる。

「**ダンナイ**」は、さしつかえないの意味。同じく京ことばで「ダイジナイ」という言い方もあって、これも意味は同じでさしつかえない。「失敗してもダイジナイ」「べつにダイジオヘン」「ダンナイ、ダンナイ、そのままにしときよし」などという言い方は、いまでも耳にする。「ダイジナイ」は「大事ない」。ていねいに言うと「大事おへん」。また縮めて言うと「ダンナイ」となる。

57 解答
イ ヒマセ

6 京料理、京菓子、ならわし、ことばと伝説に関する記述について、（　　）に入れる最も適当なものをア～エから選びなさい。

問58 京ことばで「オブー」とは、（　　）の意味である。

ア お酒　　イ お薬
ウ ゆで卵　　エ お茶

「おぶー」「おぶ」、または「ぶぶ」とも言う。これは**お茶**のこと＝イラストはイメージ＝。「ぶぶ漬け」と言えば、お茶漬けを指すということだ。

「ぶぶ」は、お茶を冷ますためにフーフーと吹く音からきたもので、熱いお茶を指す。それに対して「おぶー」「おぶ」は、ちょうど飲みごろの熱さのお茶、という微妙なニュアンスがあるともいわれる。

食生活に関する京ことばで、日常的に今もよく使われながら、京都以外の人には通じない言葉というものが案外あるものだ。その一つが**ゆで卵**で、京ことばでは「ニヌキ（煮抜き）」という。ホテルや宿の朝食で、さっそく戸惑いそうな京ことばである。

58 解答
エ お茶

6 京料理、京菓子、ならわし、ことばと伝説に関する記述について、（　　）に入れる最も適当なものをア～エから選びなさい。

問59 上品蓮台寺にある、源頼光を襲った妖怪にゆかりのある史跡は（　　）である。

ア 鵺塚　　イ 班女塚
ウ 蜘蛛塚　　エ すすき塚

上品蓮台寺（じょうぼんれんだいじ）＝写真＝の源頼光朝臣塚（みなもとのらいこうあそん）は、**蜘蛛塚**と呼ばれる。『平家物語』剣之巻、『源平盛衰記』などにある「熱病を患った頼光が山蜘蛛に襲われたが、名刀・膝丸で退治したので蜘蛛切と命名した」という伝説に由来する。土蜘蛛は山蜘蛛と表記されているが、もとは妖怪ではなく朝廷に従わない土豪を指した。東向観音寺（ひがしむきかんのんじ）にも石灯籠の火袋を祀った蜘蛛塚がある。

鵺（ぬえ）は頭が猿、胴が狸、手足が虎、尾が蛇の姿をした妖怪。『平家物語』巻第四「鵺」には弓の名手・源頼政（みなもとのよりまさ）の鵺退治の話がある。二条城北側に鵺大明神祠、鏃（やじり）を洗った池跡があり、鏃は神明神社に奉納されている。**鵺塚**は岡崎公園にあったが、月輪南陵域内の鵺塚陵墓参考地出土遺物埋葬納所に再埋葬されている。

班女塚（はんにょつか）は、『宇治拾遺物語』巻三「長門前司女葬送の時、本所にかえる事」にある未婚の女性を祀っている。塚は繁昌神社の北西に残る大岩である。大根炊きで知られる鳴滝の了徳寺（りょうとくじ）境内には親鸞聖人の遺徳を偲ぶ**すすき塚**がある。

59 解答
ウ 蜘蛛塚

6 京料理、京菓子、ならわし、ことばと伝説に関する記述について、（　　）に入れる最も適当なものを**ア**～**エ**から選びなさい。

問60 松平信吉が嶽誉上人のために建立した（　　）は、猫の報恩伝説があることから「猫寺」と称される。

ア 光清寺　　**イ** 誠心院
ウ 称念寺　　**エ** 蟹満寺

称念寺（しょうねんじ）＝写真＝は松平信吉（まつだいらのぶよし）（1583～1603）が亡くなった後、松平家と疎遠になり荒れ果てていた。三代目住職の還誉（げんよ）上人が托鉢による喜捨に頼りながら寺を支えていたところ、上人の愛猫の恩返しにより松平家と復縁することができ、寺を復興したという伝説がある。その由縁から猫寺という通称で呼ばれるようになった。境内には上人が愛猫を偲んで植えた猫松と呼ばれる老松がある。近年は猫をはじめとする動物供養をする寺としても親しまれ、春と秋に動物合同供養祭が行われている。

光清寺（こうせいじ）には出水七不思議に数えられる「浮かれ猫絵馬」の伝説がある。江戸時代、絵馬に描かれた猫が抜け出し女性の姿で三味線に合わせて踊ったという。絵馬は真向猫（まむきねこ）と呼ばれ、寺の弁天堂に掲げられている。通称、和泉式部寺といわれる**誠心院**に伝わる『和泉式部縁起絵巻』には、一遍上人の前に和泉式部が歌舞の菩薩とともに現れる霊験談が描かれている。木津川市にある**蟹満寺**（かにまんじ）は、『今昔物語集』巻十六にある「蟹の恩返し」の伝説がある。

60 解答
ウ 称念寺

7 地名、自然、観光、時事に関する記述について、最も適当なものを**ア**～**エ**から選びなさい。(61)～(70)

問61 下京区の東中筋通にあり、五條天神宮の境内を貫通していたことから名前が付いた地名はどこか。

ア 越後突抜　　イ 天使突抜
ウ 大原口突抜　　エ 木下突抜

五條天神宮は平安京遷都にあたり、大和国宇陀郡から天神を勧請したのがはじまりで、別名・天使社、天使の宮と呼ばれ、後鳥羽上皇の御世に五條天神宮に改められた。天正年間(1573～92) に豊臣秀吉が行った天正地割により、社の鎮守の森を貫通する通りが造られ、**天使突抜**という地名が付いた。江戸時代の地誌『京町鑑』などにもこの地名が確認できる。下京区の西洞院通と油小路通の間を通る南北の東中筋通の周辺に、北から天使突抜一丁目から四丁目まである＝写真は天使突抜通＝。秀吉は京都の将来像を考え、人口や町家が少ない地域に新たな地割を行い整然とした町区画を開発した。それにより寺町通から室町通の東西間および堀川通以西の地域に半町ごとに通された新しい南北の小路を突抜、その周囲の町を突抜町と呼んだ(諸説あり)。突抜は、辻子と類似したものと考えられている。

中京区の堀川高校北側には、**越後突抜**という地名があり、北側に越後神社がある。上京区には京都御所東北の寺町通西側に、**大原口突抜**、寺之内通と衣棚通交差点付近に**木下突抜**という地名がある。

61 解答
イ 天使突抜

7 地名、自然、観光、時事に関する記述について、最も適当なものをア～エから選びなさい。

問62 絹織物産地の西陣が最盛期を迎えた江戸中期、今出川大宮あたりは何と呼ばれたか。

ア 帷子の辻　　イ 千両ヶ辻

ウ 札ノ辻　　エ 椥辻

上京区の大宮通を軸に北は五辻通、南は元誓願寺までの一帯は通称糸屋町といわれ、糸商、糸仲買商などの大店が軒を連ねる絹織物産地の中心地だった。樋之口町・芝大宮町・観世町・五辻町・桜井町・元北小路町・薬師町・北之御門町は糸屋八町といわれ糸屋格子の町家が並んでいた。その中心が大宮通今出川で**千両ヶ辻**＝写真は付近＝と呼ばれた。一日に千両（たくさんの意）の荷が動いたことからこの名が付いた。

帷子の辻は『都名所図会』には、「材木町の東にあり、上嵯峨、下嵯峨、太秦、常盤、広沢、愛宕等の分かれ道なり。帷子辻といふは、檀林皇后の骸骨嵯峨野に捨てしとき、帷子の落散りし所なり」とある。洛西の葬送地に向かう分岐点で、嵯峨天皇の后・檀林皇后の葬送時に、経帷子が落ちた場所と伝わる。**札ノ辻**は南区東九条にある地名で、洛中と伏見を結ぶ竹田街道と札辻通の交差点あたりに、かつて幕府のおふれなどを掲げる高札所があったことに由来する。**椥辻**は山科区にある地名で、かつて村内にあった椥の大樹に由来する。

62 解答
イ 千両ヶ辻

7 地名、自然、観光、時事に関する記述について、最も適当なものをア～エから選びなさい。

問63 山中にかつて三井寺の別院があったことに由来して名付けられたといわれ、五山の送り火で「大」の字が灯される大文字山が支峰とする山はどこか。

ア 如意ヶ岳　イ 千丈ヶ嶽
ウ 栈敷ヶ岳　エ 阿弥陀ヶ峰

如意ヶ岳(にょいがたけ)は東山三十六峰の一つで、標高約472メートル。かつて山中には、東西約3キロ、南北約1キロにわたる広大な境内をもつ園城寺派の山岳寺院・如意寺があったという。同寺の創建年代は不明だが、たびたび焼失したこと、応仁・文明の乱で破壊され、そのまま廃寺になったことが伝わる。毎年8月16日に行われる京都五山送り火では、西峰の大文字山に「大」の字が灯される。

千丈ヶ嶽は与謝野町・福知山市にまたがる大江山連峰の主峰で、標高832.4メートル。**栈敷ヶ岳**(さじきがたけ)は京都市の北部に位置する標高896メートルの山。北山連峰の代表的な山の一つにあたる。**阿弥陀ヶ峰**は東山三十六峰の一つで、標高約196メートル。頂上には豊臣秀吉の墓所・豊国廟がある。西麓には秀吉を祀る神社が創建され、墓所と神社を合わせて「豊国社(とよくにのやしろ)」と呼ばれた。同社は豊臣氏滅亡後、廃社となったが、明治時代に入って方広寺大仏殿跡に豊国神社として再興された。

63 解答
ア 如意ヶ岳

7 地名、自然、観光、時事に関する記述について、最も適当なものをア～エから選びなさい。

京都市指定天然記念物の中で白峯神宮にあるものはどれか。

ア カツラ　　イ クロガネモチ
ウ エノキ　　エ オガタマノキ

崇徳天皇・淳仁天皇を祀る白峯神宮（上京区）には、霊木・**オガタマノキ**が植栽されている。名前の由来は一説に、「招霊」（霊を招くの意）がなまったものだという。この地にはかつて蹴鞠・和歌の宗家である飛鳥井家の邸宅があったが、この木はその当時の植栽といわれている。樹高約13メートル、樹齢約800年。同種では京都市内最大の木で、京都市指定天然記念物に登録されている。

京都市指定天然記念物の**カツラ**があるのは貴船神社（左京区）、**クロガネモチ**は金札宮（伏見区）、**エノキ**は武信稲荷神社（中京区）。カツラは貴船神社奥宮の社殿の北東にあり、樹高は約39メートル。自然林に自生するカツラの大木として貴重。クロガネモチは金札宮の境内中央部に植栽されている。樹高は約９メートル。冬には枝先に赤い実をつける。エノキは武信稲荷神社本殿の南側にあり、神木として祀られている。樹高約23メートル。平重盛が厳島神社（広島県の宮島）から苗木を移したと伝えられる。

64 解答
エ オガタマノキ

7 地名、自然、観光、時事に関する記述について、最も適当なものを ア ～ エ から選びなさい。

問65 毎年10月、平安神宮前・岡崎プロムナード一帯で開催され、創作演舞「京炎そでふれ！」の披露などが行われる学生主体の市民参加型のイベントは何か。

ア SKYふれあいフェスティバル　イ 京都音楽博覧会
ウ 京都学生祭典　エ 京都大作戦

平安神宮前・岡崎プロムナード一帯では、毎年10月、学生が中心となって企画・運営を行う**京都学生祭典**＝写真＝が開かれている。学生の力で京都を盛り上げようと平成15年(2003) から開催されているもので、令和２年 (2020) で18回目を迎える。当日は、神宮道一帯をステージに、踊りのパフォーマンスを競う「京炎そでふれ！　全国おどりコンテスト」をはじめ、学生音楽コンテスト「Kyoto Student Music Award」や各種模擬店企画など多彩な催しが行われる。

SKYふれあいフェスティバルは、シニアの生きがい・健康づくりを支援する公益財団法人京都SKYセンターが開催しているイベント。毎年９月、敬老の日の直前の土日に行われる。**京都音楽博覧会**は、京都出身のロックバンド「くるり」が梅小路公園で開催する音楽フェスティバル。平成19年から毎年９月に開催されている。**京都大作戦**は、毎年６～７月に京都府立山城総合運動公園で開催される野外ロックフェスティバルで、京都出身のスリーピースバンド「10-FEET」が主催する。

65 解答
ウ 京都学生祭典

7 地名、自然、観光、時事に関する記述について、最も適当なものをア～エから選びなさい。

問66 良水に恵まれていたことから酒造業が盛んで、江戸時代には水陸交通の要衝として発展した、酒蔵の景観が美しい地域はどこか。

ア 伏見　　イ 上賀茂
ウ 樫原　　エ 美山

伏見は京都市の南部に位置する。安土桃山時代には豊臣秀吉によって伏見城が築かれ、城下町としての需要から、伏見の酒の醸造家が急増した。淀川水域の港町であり、街道の宿場町として独自の発展を遂げた伏見は、江戸時代を通じて流通の要所として栄えた。明治時代になると、伏見は「天下の酒どころ」として全国に名をはせることになる。

伏見が酒どころとなったのは、ここが名水の宝庫であったからだ。伏見はかつて「伏水」と記されたほどに、伏流水の豊かな土地柄。桂川と鴨川、宇治川に沿った平野部が広がり、桃山丘陵をくぐった清冽な水が地下に湛えられている。伏見の水の水質はカリウム、カルシウムなどをバランスよく含んだ中硬水で、酒づくりに最適の条件を満たしているという。

酒蔵が立ち並ぶ町＝写真＝には、仕込みの時期になると時おり豊潤な香りが漂う。町並みには伏見の酒の歴史などを紹介する資料館や記念館、酒蔵を利用した店舗などがある。

66 解答
ア 伏見

7 地名、自然、観光、時事に関する記述について、最も適当なものをア～エから選びなさい。

問67 今年（2019）5月に、京都市上京区の大久保利通旧邸跡で確認された利通の茶室はどれか。

ア 古香庵　　イ 有待庵
ウ 堪庵　　エ 滴水庵

慶応2年（1866）から足掛け3年という短い期間だったが、寺町通今出川を下がったところに、維新直後の明治政府でも活躍した大久保利通（1830～78）が住まいしたことが知られる。そこに現存する茶室は、薩摩藩の家老で薩長同盟の結成に大きな役割を果たした小松帯刀が寓居した近衛家の別邸、通称「御花畑」から移築されたと伝わるものだった。そこでの数回の密談によって同盟が決定付けられたと推察されること、またその旧所在地とされる「御花畑」の場所が新たに特定され、案内標識や石柱が新設されてからの発見だったこともあり、話題を呼んだ。

茶室の名は、大久保が好んで使ったとされる語から「**有待庵**(ゆうたいあん)」と称されたという。構造部は傷みや修繕の跡が激しいものの、台目畳という特徴的な畳が使われ、旧所在地の絵図に記された茶室とも符合するところがあること、また床柱や鴨居(かもい)などの部材も一部は幕末期のものとみられるなど、「御花畑」からの移築伝承を裏付ける材料が少なくないことを指摘する向きもある。

67 解答
イ 有待庵

地名、自然、観光、時事に関する記述について、最も適当なものをア～エから選びなさい。

問 68

鴨川に架かる大正２年（1913）に完成した日本最初期の鉄筋コンクリート・アーチ橋で、今年（2019）３月に国の登録有形文化財となったものはどれか。

ア 七条大橋　　イ 三条大橋
ウ 出雲路橋　　エ 上賀茂橋

鴨川にかかる**七条大橋**＝写真＝は、明治44年（1911）に着工し、大正２年（1913）に竣工した鉄筋コンクリート造五連アーチ橋で、日本最初期の鉄筋コンクリート・アーチ橋。平成元年（1989）に改修されている。

重厚な橋脚と穏やかなアーチがリズミカルな立面を構成し、セセッション風の意匠が時代性を示す。平成31年３月に国の登録有形文化財となった。

七条大橋は近代における京都市の三大事業の一つ「道路拡幅及び電気軌道（市電）敷設」による七条通の拡幅に伴い調査され、鴨川にかかる橋のなかでは唯一明治期の意匠を残す。

三条大橋は、天正18年（1590）に秀吉によって橋脚が石柱に改修された橋で、たびたび掛け替えや修復が行われ、現在の橋本体は昭和25年（1950）のもの。**出雲路橋**は賀茂川の鞍馬口通にかかる橋で昭和58年の架設、**上賀茂橋**は賀茂川に架かる玄以通の橋で昭和45年の架設である。

68 解答
ア 七条大橋

3級　2級　1級

7 地名、自然、観光、時事に関する記述について、最も適当なものをア～エから選びなさい。

問69 平成24年（2012）に石清水八幡宮境内とともに国の史跡に指定され、今年（2019）春に5年がかりの修復工事を終えた建物はどれか。

ア 松花堂　　イ 六角堂
ウ 鳳凰堂　　エ 八角堂

八幡市内最大の前方後円墳である西車塚古墳の後円部墳頂に建っている**八角堂**は、もとは石清水八幡宮が鎮座する男山の西谷にあった。正方形の四隅を切り取った八角形となっている。

八幡宮は明治維新まで神と仏を併せて祀る神仏習合の宮寺で、最盛期の境内には、数多くの坊（寺）があり、社僧が住んでいた。明治の廃仏毀釈（はいぶつきしゃく）によって、境内から仏像や仏教関係の建物などが撤去された際に、八角堂は正法寺の前住職によって引き取られ、現在の八幡市立松花堂（しょうかどう）庭園の西側、八幡大芝に移された＝写真＝。また、堂内に安置されていた阿弥陀如来坐像（重文）は鎌倉時代の作で、現在は正法寺の法雲殿に安置されている。

松花堂は、石清水八幡宮の社僧で、文人や書家としても名高い松花堂昭乗（しょうかどうしょうじょう）が、晩年に構えた自らの草庵の名称。松花堂も明治時代に八幡女郎花に移築され、現在、八幡市立松花堂庭園の一部となっている。

69 解答
エ 八角堂

7 地名、自然、観光、時事に関する記述について、最も適当なものをア～エから選びなさい。

問70 現京都府警察本部本館への移転が決定している国の省庁はどこか。

ア 観光庁　　イ 消費者庁
ウ 文化庁　　エ 中小企業庁

東京一極集中の是正を目的とする政府の「まち・ひと・しごと創生本部」は、平成27年（2015）3月、政府関係機関の地方移転に係る提案を、東京圏（東京都・埼玉県・千葉県・神奈川県）以外の道府県を対象に募集。さまざまな議論や検証が行われた結果、平成28年3月、「政府関係機関移転基本方針」が決定され、このなかで京都へ**文化庁**を全面的に移転することが明確化された。これを受けて平成29年4月、先行移転として京都に「文化庁地域文化創生本部」が設立され、本格移転の準備を進めながら、新たな政策ニーズに対応した事務・事業を先行的に実施。移転場所の選定にあたっては、「新・文化庁」にふさわしいものであるかどうかなどを総合的に検討がなされ、同年7月、京都府警察本部本館（上京区）＝写真＝を本格移転先とすることが決定した。京都府警本部本館は、京都で行われた昭和天皇の「即位の礼」に合わせて建設された京都の近代化遺産であり、その保存・継承の文化的価値が高いことも選定理由の一つとなった。

70 解答
ウ 文化庁

3級
2級
1級

8【公開テーマ問題】「京都の産業～伝統工芸から先端産業～」に関する記述について、最も適当なものをア～エから選びなさい。(71)～(80)

問71 京都独特の技法があり、蒔絵などの加飾を施し、棗をはじめとした茶道具などに使われる経済産業大臣指定の伝統的工芸品は何か。

ア 京表具　　イ 京竹工芸品
ウ 京象嵌　　エ 京漆器

京都独特の技法で蒔絵などの加飾を施して茶道具の棗（なつめ）などに使われる伝統工芸品は「**京漆器**」＝写真＝。漆工技術は奈良時代に唐からもたらされたが、平安時代に京都に受け継がれて、蒔絵（まきえ）などで加飾する技法が発達した。室町時代にはとくに茶の湯と結び付いて、わび、さびを感じさせる「東山時代物」が登場。安土桃山時代には「高台寺蒔絵」に代表される新興の武士階級の趣向に沿った華麗な漆工芸作品がお目見えし、江戸時代には本阿弥光悦や尾形光琳らが豪華で細密な作品を制作するなど、各時代の求めに応じた京漆器が誕生し、その技法は現代に継承されているほか、他の工芸分野にも多大な影響を与えている。

ちなみに工程は多様かつ複雑で、木地選びから下地塗り、中塗り、上塗り後磨きを繰り返し、模様を蒔絵や螺鈿（らでん）・青貝で加飾するなど相当な手間暇をかけて仕上げていく。洗練された美しさは他産地の追随を許さないと言っても過言でない。

71 解答
エ 京漆器

8【公開テーマ問題】「京都の産業～伝統工芸から先端産業～」に関する記述について、最も適当なものを**ア**～**エ**から選びなさい。

問72 知恩院の庭園内に像がある今日の高級手描き染色の基礎を築いたとされる人物は誰か。

ア 宮崎友禅斎　　**イ** 井上伊兵衛

ウ 青木木米　　**エ** 尾形光琳

浄土宗総本山知恩院の庭園内に像＝写真（提供 宮崎友禅翁顕彰会）＝がある高級手描き染色・友禅染の由来となった人物は、江戸時代中期の扇面絵師・**宮崎友禅斎**（1654～1736、生没年不詳とも）であるが、今日の友禅染の基礎を築いたかどうかは定かではない。なぜ知恩院の庭園内に像があるのか。元禄5年（1692）に友禅斎が出版した『餘情ひなかた』に「洛東智恩院門前　元禄第五初春日　扶桑扇工友禅」と署名しており、知恩院前に居を構えていたとされることから、昭和29年（1954）、友禅斎生誕300年を記念して宮崎友禅翁顕彰会が建立し、造園した庭園も「友禅苑」と名付けられた。扇面絵師だった友禅斎は、小袖のデザインも手掛けるようになり、「友禅模様」「友禅風」「友禅絵」「友禅流」などと呼ばれ人気を博し、次第に「友禅染」という名称が定着していった。

井上伊兵衛は、明治初め京都府からフランス・リヨンに派遣され、最新の織機ジャカードを持ち帰った西陣近代化の先駆者の一人。**青木木米**（1767～1833）は江戸時代後期の京焼の名工で、文人としても名高い人物。**尾形光琳**（1658～1716）は江戸時代前中期の京の画家・工芸家で、琳派の大成者として知られる。

72 解答
ア 宮崎友禅斎

8 【公開テーマ問題】「京都の産業～伝統工芸から先端産業～」に関する記述について、最も適当なものをア～エから選びなさい。

問 73 明治4年（1871）、京都府が新時代に向けて長州藩邸跡に設立した産業振興の中枢機関は何か。

ア 西陣物産会社　イ 勧業場
ウ 京都織物会社　エ 女紅場

勧業場である。設立された長州藩邸跡の河原町通御池上ルには石碑が建っている。京都府の二代目知事となる槇村正直（まきむらまさなお）（1834～96）と府顧問の山本覚馬（やまもとかくま）（1828～92）らが中心となって京都の勧業政策を進めていく。事実上の東京遷都で衰退の危機にあった京都に、西洋の近代科学を取り入れ、西陣織などの伝統産業と結び付けて再興を図ろうという狙いである。勧業場は民間産業の育成と啓発、教育的な役割を担っていた。京都府はすでに明治2年（1869）に勧業方を設けており、政府の殖産興業政策を先取りしている。

この年には府の肝入りで**西陣物産会社**が設立され、のちにフランスに西陣織を担う人材を派遣、最新式の織機や技術を導入して西陣織産業を近代化させた。明治23年には**京都織物会社**が左京区吉田で操業し、紋織や無地織のほかハンカチ類の製織を始めた。**女紅場**（にょこうば）は明治5年に設立、鴨川の丸太町橋西詰に跡地の石碑がある。裁縫など女子の職能習得のほか英語や読書なども加えられ、女子教育の場になった。

73 解答
イ 勧業場

8 【公開テーマ問題】「京都の産業～伝統工芸から先端産業～」に関する記述について、最も適当なものをア～エから選びなさい。

問 74 京都出身で、理化学、薬学などの研究を行い、舎密局の設立に参画して京都の殖産興業政策を推進した人物は誰か。

ア 大沢善助　イ 山脇東洋
ウ 田中源太郎　エ 明石博高

京都の医薬商の家に生まれた**明石博高**（あかしひろあきら）（1839～1910）である。医師でありながら、大阪舎密局で理化学の伝習を受けている。京都の二代目知事・槇村正直と知り合い、京都府に出仕することになり、槇村や山本覚馬とともに勧業政策を担った。とくに勧業の指導、実務にあたったのは西洋科学に精通した明石であった。京都舎密局の開設のほか、製革場や金属加工を行う「伏水製作所」、新しい染織技術を講習し製品化する「織殿」と「染殿」、陶磁器釉薬研究、洋紙製造所、麦酒造醸所などの府営事業場を設立した。

田中源太郎（たなかげんたろう）（1853～1922）は亀岡の大地主の家に生まれ、京都府議会議員や衆議院議員となる一方で、経済人としても活躍し、京都電燈や京都電気鉄道などの設立にかかわり、その数は30におよぶという。**大沢善助**（おおさわぜんすけ）（1854～1934）は実業家で、時計会社を創立したほか京都電燈の三代目社長となり日本初の市街電車に電気を送った。**山脇東洋**（やまわきとうよう）（1705～62）は人体解剖の記録を日本で初めて残した。

74 解答
エ 明石博高

3級
2級
1級

8【公開テーマ問題】「京都の産業〜伝統工芸から先端産業〜」に関する記述について、最も適当なものを**ア**〜**エ**から選びなさい。

問 75

立石電機株式会社（現：オムロン株式会社）は昭和34年（1959）、仁和寺周辺の地名より全製品の商標を「OMRON」に決定した。この地名はどこか。

ア 氷室　　**イ** 太秦

ウ 御室　　**エ** 小倉

オムロン株式会社＝写真は発祥の地碑＝は、センサーをはじめとする制御機器、ヘルスケア製品などを手がける電気機器メーカー。昭和８年（1933）、創業者の立石一真が、大阪市都島区に前身である立石電機製作所を設立し、昭和20年に右京区花園へ移転。昭和34年に本社周辺の地名「**御室**」から商標を「OMRON」と制定し、平成２年（1990）には社名をオムロン株式会社に変更した。なお、地名としての「御室」は、仁和４年（888）に父・光孝天皇の遺志を継いで仁和寺を創建した宇多天皇が出家し、同寺に御室（僧坊）を建てたことに由来する。

氷室とは氷を貯蔵するための穴や小屋のことで、それらがあったことから「氷室」と名付けられた地名は、各地に点在する。北区西賀茂の氷室地区もその一つ。**太秦**は右京区の地名。名前の由来は一説に、この地を領した古代豪族の秦氏が、朝廷に絹をうずたかく積み上げて献上したからとも、絹糸が巴渦の形をしていたことからともいわれる。

75 解答
ウ 御室

8【公開テーマ問題】「京都の産業～伝統工芸から先端産業～」に関する記述について、最も適当なものをア～エから選びなさい。

問 76

京セラ株式会社の創業者・稲盛和夫氏により創設された、先端技術や基礎科学、思想・芸術で優れた功績を残した人を讃える国際的な賞は何か。

ア 京都創造者大賞　　イ 京都府あけぼの賞
ウ 京都大学たちばな賞　　エ 京都賞

昭和59年（1984)、京セラ株式会社の創業者・稲盛和夫は、約200億円相当の私財を拠出し、稲盛財団並びに**京都賞**＝イラスト＝を創設。翌年から先端技術、基礎科学、思想・芸術の３部門（各部門４分野の計12分野で構成）で優れた功績を残した人を顕彰する事業を始めた。発表は毎年６月。京都賞受賞後にノーベル賞を受賞する人も少なくなく、平成24年（2012）にノーベル生理学・医学賞を受賞した、京都大学教授の山中伸弥 iPS細胞研究所長もそのうちの一人。

京都創造者大賞は、「京都ブランド」のイメージアップや京都の都市格向上に貢献している、または今後、貢献することが大いに期待できる取り組みの相手をオール京都により顕彰する賞。**京都府あけぼの賞**は、男女共同参画による豊かな地域社会の創造を目指し、女性の一層の能力発揮を図るため、各分野で功績の著しい女性やグループに贈られる。**京都大学たちばな賞**は、人文・社会科学、自然科学の分野で優れた研究成果を挙げた同学の若手の女性研究者を顕彰するもの。

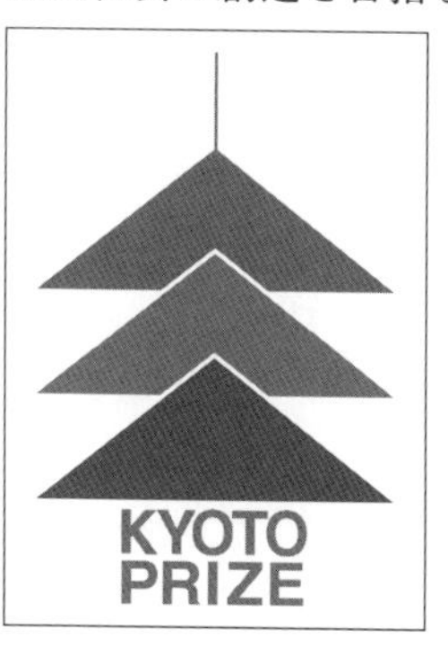

76 解答
エ 京都賞

3級
2級
1級

8 【公開テーマ問題】「京都の産業～伝統工芸から先端産業～」に関する記述について、最も適当なものをア～エから選びなさい。

問 77 産業機械メーカーである村田機械株式会社は、昭和10年（1935）、前身である合名会社を設立した。その社名にも用いていた当時製造していたものは何か。

ア ジャカード機　イ 両切たばこ
ウ 花札　エ 蓄電池

解答は**ジャカード機**＝写真＝である。明治時代初期にフランスから導入された織機で、西陣織生産の技術を向上させた。昭和10年（1935）に村田禎介（むらたていすけ）が設立した合名会社は「西陣ジャカード機製作所」といい、のちに繊維機械にとどまらず工作機械、情報機器、物流システムなどを生産する村田機械に発展する。京都は伝統の地でありながら、近代化の中で新しい産業を生み出している。二代目島津源蔵（しまづげんぞう）は明治25年（1895）に日本で初めて鉛**蓄電池**を製造し、「日本電池」を設立。のちに経営統合して「GSユアサ」として世界的企業になった。コンピュータゲーム「スーパーマリオブラザーズ」で世界を席巻した「任天堂」は、明治22年に山内房治郎（やまうちふさじろう）が京都市下京区で**花札**を製造したのが始まり。煙管たばこが主流だった明治24年に日本で最初に**両切たばこ**を発売したのは村井吉兵衛（むらいきちべい）で、「たばこ王」と呼ばれた。東山区・円山公園南側の長楽館は村井の別邸だった。

77 解答
ア ジャカード機

8 【公開テーマ問題】「京都の産業～伝統工芸から先端産業～」に関する記述について、最も適当なものをア～エから選びなさい。

問 78

昭和19年（1944）創業の電子部品メーカーが、自社の技術力を駆使して平成3年（1991）に誕生した自転車型ロボットはどれか。

ア フォルフェウス　　イ スーパードルフィー
ウ ムラタセイサク君　　エ ロビ

長岡京市に本社を置く電子部品メーカー・村田製作所は、平成3年（1991）、自転車型ロボットの**ムラタセイサク君**＝写真＝を発表した。このロボットは、車体の傾きの変化を感じ取るジャイロセンサにより倒れずに走ることができる。そしてその後も同社の技術を集結して進化を続け、自転車を止めても倒れない、走行中に障害物があると停止する、25度の坂道を助走なしで上がるなど、画期的な機能で注目を集めた。

フォルフェウスはオムロンが開発を進める卓球ロボット。平成25年に誕生し、令和2年（2020）には第6世代が披露された。**スーパードルフィー**®は、下京区に本社を置くボークス・造形村が平成10年に開発した、カスタムができる全く新しいドール文化。**ロビ**はロボットクリエイターの高橋智隆氏がデザイン・開発設計を手がけたロボット。デアゴスティーニ・ジャパンより、平成25年からパーツ付き組み立てマガジン『週刊ロビ』（全70号）が刊行された。

78 解答
ウ ムラタセイサク君

8 【公開テーマ問題】「京都の産業～伝統工芸から先端産業～」に関する記述について、最も適当なものをア～エから選びなさい。

問79 昭和24年（1949）に、日本人として初めてノーベル物理学賞を受賞した湯川秀樹をはじめ、多くのノーベル賞受賞者を輩出した大学はどこか。

ア 京都工芸繊維大学　イ 京都府立医科大学
ウ 京都大学　エ 同志社大学

日本人で初めてノーベル賞を受賞した湯川秀樹は、**京都大学**理学部出身。昭和29年（1949）に「中間子論」の発表で物理学賞を受賞した。同学は明治30年、東京に次ぐ第2の帝国大学（京都帝国大学）として創立。自由な発想を尊ぶ学風といわれ、今日までに多数の世界的な研究者を輩出してきた。同学を卒業したノーベル賞受賞者はほかに、朝永振一郎氏（物理学賞）、福井謙一氏（化学賞）、利根川進氏（生理学・医学賞）、野依良治氏（化学賞）、赤﨑勇氏（物理学賞）、本庶佑氏（生理学・医学賞）、吉野彰氏（化学賞）＝写真は京都大学＝。

京都工芸繊維大学は、京都高等工藝学校と京都蚕業講習所を前身とする国立大学。昭和57年から63年まで、アジア初のノーベル化学賞受賞者・福井謙一氏が学長を務めた。**京都府立医科大学**は明治5年、青蓮院（東山区）の境内に建てた病院に始まる。**同志社大学**は新島襄が明治8年に創立した同志社英学校を前身とする私立大学。

79 解答
ウ 京都大学

8 【公開テーマ問題】「京都の産業～伝統工芸から先端産業～」に関する記述について、最も適当なものをア～エから選びなさい。

問 80 今年（2019）3月、「京都経済百年の計」として四条室町の地にオープンした産業支援の新拠点はどこか。

ア 京都リサーチパーク
イ 京都経済センター
ウ けいはんなプラザ
エ 桂イノベーションパーク

今年（平成31〈2019〉）3月、「京都経済百年の計」として、四条室町の地に**京都経済センター**がオープンした。この建物には京都商工会議所はじめ経済団体や産業支援機関が集結。オール京都で連携し、中小企業のサポートや若者の起業支援などを担う。

京都リサーチパークは、平成元年10月、JR嵯峨野線の丹波口駅近くに開業した、全国初の民間運営によるリサーチパーク。

けいはんなプラザは、関西文化学術研究都市における文化・学術・研究の中核交流施設。平成5年に開業。

桂イノベーションパークは、産学公連携による新産業の振興拠点。平成14年、京都大学桂キャンパスの隣接地にオープンした。

80 解答
イ 京都経済センター

8 「天皇の即位」に関する記述について、(　　)に入れる最も適当なものを**ア**～**エ**から選びなさい。(81)～(90)

平安宮において、即位の礼は原則として（　81　）の正殿である大極殿で行われた。大極殿は安元3年（1177）の大火、いわゆる（　82　）で焼失した後は再建されず、即位の礼は太政官庁で行われていたが、室町時代に約11年続いた（　83　）で焼失し、以後、即位の礼は内裏の（　84　）で行われることが通例となった。

即位の礼から大嘗祭の一連の儀式を合わせて「御大礼」「御大典」と称されるが、京都で行われた最後の大礼は（　85　）天皇の大礼であった。即位の礼に続いて大嘗祭が挙行された。造営された大嘗宮の建物は大嘗祭終了後に解体し、一部は下賜されたが、東山の（　86　）の社殿もその遺構である。京都市は昭和3年（1928）に大礼記念京都大博覧会を開催し、会場の一つであった岡崎公園では、高さ24メートルの（　87　）が出来上がった。また、昭和8年（1933）には（　88　）の設計による「大礼記念京都美術館」が開館した。この美術館は来春に「京都市京セラ美術館」としてリニューアルオープンされる予定である。

平成の大礼は、東京で行われたが、即位の礼で重要な天皇の玉座「（　89　）」は、京都御所の（　84　）に置かれているものを東京に運び使用された。

令和の大嘗祭の神饌に用いる米と粟は、皇居で行われた「斎田点定の儀」での亀卜の結果、東日本を代表する悠紀地方からは栃木県、西日本を代表する主基地方からは京都府が選ばれた。そして、京都府の（　90　）の水田が主基斎田となり、9月に稲を刈り取り、納められた。

(81) ア 淳和院　イ 朝堂院
ウ 内裏　エ 宴松原

(82) ア どんどん焼け　イ 団栗焼け
ウ 太郎焼亡　エ 次郎焼亡

(83) ア 応仁・文明の乱　イ 承久の乱
ウ 保元の乱　エ 元弘の乱

(84) ア 清涼殿　イ 紫宸殿
ウ 小御所　エ 御常御殿

(85) ア 孝明　イ 明治
ウ 大正　エ 昭和

(86) ア 京都霊山護国神社　イ 京都大神宮
ウ 日向大神宮　エ 平安神宮

(87) ア 京都会館　イ 京都府立図書館
ウ 平安神宮大鳥居　エ 京都市勧業館

(88) ア 片山東熊　イ 松室重光
ウ 前川國男　エ 前田健二郎

(89) ア 高御座　イ 御帳台
ウ 賢所　エ 内侍所

(90) ア 京丹後市　イ 南丹市
ウ 城陽市　エ 綾部市

(81) 解説

平安宮における即位の礼は、**朝堂院**(ちょうどういん)の正殿である大極殿で行われた。朝堂院は古代の宮城である大内裏の正庁で、八省の官吏が執務することから八省院(はっしょういん)とも称された。国家的な儀式や饗宴などが行われた施設だったが、平安時代末期に焼失して以降は再建されることはなかった。

内裏(だいり)は天皇が居住する日常生活の場所であったのに対し、大極殿は天皇が統治者として政務や国家的儀式を行う空間だった。**淳和院**(じゅんないん)は淳和天皇の離宮で別名、西院。**宴松原**(えんのまつばら)は大内裏内に存在した広場で、その名から宴の場として用いられたとする説などがある。上京区の跡地に石碑が建つ。

81 解答　**イ** 朝堂院

(82) 解説

平安時代末期には、最大級の火災といわれる2つの大火「**太郎焼亡**」と「**次郎焼亡**」が発生した。太郎焼亡は安元3年（1177）4月28日に出火。被害は都の3分の1におよび、大極殿や朱雀門などを焼失。公家の邸宅や民家も多数が被災した。その翌年には七条東洞院から大火が発生し、これは次郎焼亡と呼ばれる。2つの大火が相次ぎ、京の人々に大きな不安を与えた。

どんどん焼けは、元治元年（1864）に禁門の変により起こった大火災。鉄砲焼けともいう。**団栗焼け**(どんぐり)は鴨川東の宮川町団栗辻子（図子とも）から発生した天明8年（1788）の大火で、出火場所からこう呼ばれた。

82 解答　**ウ** 太郎焼亡

(83) 解説

室町時代の応仁元年（1467）から文明９年（1477）までの11年間継続した内乱は**応仁・文明の乱**。室町幕府管領家の畠山、斯波氏の家督争いから細川勝元と山名宗全の勢力争いに加え、八代将軍・足利義政の後継争いも加わって京都を中心にして全国に争いが広がった。西陣織で知られる西陣は、山名宗全の西軍の陣があったためにこの名がある。この内乱後、戦乱は各地に飛び火して下剋上の戦国時代に入った。

承久の乱は後鳥羽上皇が鎌倉幕府執権の北条義時に対して討伐の兵をあげて敗れた争乱。**保元の乱**は皇位継承に関する争いに源平の武士が介入した内乱。**元弘の乱**は後醍醐天皇が鎌倉幕府を倒そうと企てた政変。

83 解答　ア 応仁・文明の乱

(84) 解説

応仁・文明の乱以降、即位の礼は**紫宸殿**（シシイデンとも）で行われるようになった。紫宸は天子の御殿の意。紫宸殿は即位や大嘗会などが行われた内裏第一の御殿。正殿、寝殿、南殿ともいう。寝殿造で、建物の東に桜、西に橘が植えられ「左近の桜」「右近の橘」と呼ばれる。

清涼殿は、10世紀ごろから天皇常住の建物となり、その後、執務と儀式の場となった。**小御所**は会議や大名などの対面などに用いた建物。江戸幕府の最後の将軍・徳川慶喜の処置を決める「小御所会議」が開かれた場所としても知られる。**御常御殿**は近世に建てられ、天皇の日常生活の場として用いられた。

84 解答　イ 紫宸殿

3級

2級

1級

(85) 解説

京都で行われた最後の大礼は**昭和**天皇（1901～89）の大礼。昭和天皇の名は裕仁（ひろひと）。**大正**天皇（1879～1926）の死去に伴い、第百二十四代の皇位を継承した。皇太子時代にイギリスなど欧州各国を外遊、見聞を広めた。昭和20年（1945）8月、ラジオで玉音放送を行い、国民に終戦を宣言。翌年には天皇の「人間宣言」を行った。

孝明（こうめい）天皇（1831～67）は江戸時代末期の第百二十一代天皇。討幕運動に反対し、公武合体の立場をとった。**明治**天皇（1852～1912）は孝明天皇の第二皇子。大政奉還により王政復古を宣し、近代天皇制国家を確立した。大正天皇は明治天皇の第三皇子。皇太子・裕仁を摂政に任じた。

85 解答　エ 昭和

(86) 解説

東山区の**京都霊山護国神社**（きょうとりょうぜんごこく）＝写真＝は、昭和の大典に使用した建物の一部が下賜されて社殿が造営された。通称、護国神社。向かい側に明治維新関係の資料を展示する霊山歴史館があり、墓地には坂本龍馬、中岡慎太郎など勤王の志士らが眠る。

京都大神宮は、神前結婚式の方式を考案し、その大衆化を図った。**日向大神宮**（ひむかい）は、厄除け、縁結びの神で知られる。**平安神宮**は明治28年（1895）の平安奠都（てんと）千百年紀念祭に桓武（かんむ）天皇を祭神として創建。毎年10月22日に時代祭が行われる。

86 解答　ア 京都霊山護国神社

(87) 解説

岡崎公園にある平安神宮の応天門から約300メートル南の神宮道に高さ約24メートル、幅約18メートルの**平安神宮大鳥居**が建つ。昭和天皇大礼の記念事業として建造された。鳥居は鉄骨鉄筋コンクリート造りで、荘重な印象をもたらす明神型と呼ぶ様式。

京都会館は京都府内で唯一、2000席を超える座席を持つ多目的ホール。ネーミングライツ名称「ロームシアター京都」。**京都府立図書館**は著名な建築家・武田五一の設計。**京都市勧業館**は展示場、ギャラリーなどを持つ。愛称「みやこめっせ」。

文化ゾーンとして整備された岡崎公園内には、このほか京都国立近代美術館、京都市美術館、京都市動物園もある。

87 解答　ウ 平安神宮大鳥居

(88) 解説

現在の京都市美術館は、建築設計コンペが実施され、一等に入選した**前田健二郎**（1892～1975）の設計図案を基に、昭和8年（1933）、「大礼記念京都美術館」として完成した。同美術館は令和2年（2020）5月26日、「京都市京セラ美術館」としてリニューアルオープンした。前田はほかにも大阪市美術館など数々のコンペに入選している。

片山東熊（とうくま）（1854～1917）の作品は国宝の迎賓館赤坂離宮ほか、京都国立博物館、奈良国立博物館などがある。**松室重光**（まつむろしげみつ）（1873～1937）は京都府庁舎旧本館など京都中心に多くの設計をした。**前川國男**（1905～86）は京都会館などを設計。

88 解答　エ 前田健二郎

3級
2級
1級

(89) 解説

天皇の玉座は**高御座**といい、かつては大極殿や紫宸殿などに設けられ、皇位継承儀式の即位の礼で用いられた。高さ約6.5メートル、横幅約6メートルの「浜床」と呼ばれる四角形の台座の上の八角形の天蓋が設けられており、屋根に当たる部分に鳳凰の飾りがある。現在は、皇后の玉座である**御帳台**とともに、京都御所の紫宸殿に常設されていて、春秋の一般公開時に見ることができる。

賢所（ケンショとも）は三種の神器の一つである八咫鏡を安置した場所。皇霊殿、神殿とあわせ宮中三殿の一つで、現在は吹上御苑内にある。代々、女官の内侍が奉仕したところから、**内侍所**ともいう。

89 解答　ア 高御座

(90) 解説

大嘗祭で使う新米を栽培する斎田をどの地方にするかを決める「斎田点定の儀」では、亀の甲羅を焼いて占う「亀卜」という伝統的手法が用いられた。儀式ではアオウミガメの甲羅を将棋の形に薄く加工した亀甲を火であぶり、亀裂の入り方で東西の両府県が決まった。

その後、西日本を代表して**南丹市**八木町氷所の水田が主基斎田に選ばれ、キヌヒカリを栽培。稲が実った9月、コメを収穫する「主基斎田抜穂の儀」が同所で営まれた。大田主と呼ばれる耕作者らが稲穂を鎌で刈り取って三方に載せて神前に供え、天皇陛下から遣わされた抜穂使が確認した。

90 解答　イ 南丹市

「京都の商店街」に関する記述について、最も適当なものをア～エから選びなさい。(91)～(100)

問91 錦市場商店街は京の台所として多くの人々が訪れる。その市場の青物問屋に生まれた江戸時代の絵師で、鶏を好んで描いたことで知られる人物は誰か。

ア 池大雅　　イ 伊藤若冲
ウ 円山応挙　　エ 俵屋宗達

伊藤若冲(1716～1800)は江戸時代中期に京都で活躍した日本画家。正徳6年(1716)に、青物問屋「枡屋」の長男として誕生。宝暦5年(1755)に家督を弟(宋巌)に譲り、絵師の道を歩んだ。花鳥画、とくに「若冲の鶏」といわれるほどニワトリの絵を得意とした。錦市場が奉行所からの営業停止を命じられたときには、若冲が奔走し、錦市場の今があるのも若冲のおかげだとも伝えられる。寛政12年(1800)に85歳で死去＝写真は錦小路通＝。

池大雅（1723～76）は京都生まれの江戸時代中期の文人画家。柳沢淇園、木村蒹葭堂と親しく、国宝の「楼閣山水図」、高野山遍照光院襖絵「山水人物図」などを作成。

円山応挙（1733～95）は江戸時代中期の絵師で、円山派創始者。丹波国穴太村（現・亀岡市）の農家に生まれ、15歳で狩野派の画家・石田幽汀に画技を学び、青年期に一時、中国版眼鏡絵を応用して京名所を描いた。

俵屋宗達（生没年不詳）は江戸時代初期の画家。書・陶芸・漆芸家の本阿弥光悦と親密な交際が推定される。養源院の客殿障壁画「松図」（重文）の大作や「風神雷神図屏風」（国宝）をはじめ「蓮池水禽図」（国宝）、「芦鴨図衝立」（重文）など優れた作品を数多く残している。

91 解答 イ 伊藤若冲

10「京都の商店街」に関する記述について、最も適当なものを**ア**～**エ**から選びなさい。

問92 新京極商店街は新京極通に広がるアーケード街である。明治時代に寺町の寺院の境内地を整理して、この通りを開いた人物は誰か。

ア 北垣国道	**イ** 槇村正直
ウ 内貴甚三郎	**エ** 中井弘

槇村正直（1834～96）は、明治政府の要職だった木戸孝允の要請で京都府に出仕。明治8年（1875）に京都府権知事、明治10年に第二代京都府知事に就任。明治2年わが国初の小学校開設、京都博覧会開催、女紅場の創建などに尽くした。住宅街や新京極の造営にも尽力し、北部は京都屈指の高級住宅街として栄え、寺町通の東に新京極通を造り、三条から四条間のすべてが新京極商店街＝写真は四条通付近＝となった。

北垣国道（1836～1916）は明治14年1月から11年にわたり京都府知事を務め、琵琶湖疏水事業を開通させるなど同地の殖産興業政策を進めた。その後は貴族院議員、枢密顧問官を務めたのち、内務次官、北海道庁長官となり、晩年は「静屋」と号して京都で自適生活を送った。

内貴甚三郎は大正時代の政治家。京都市会議員を経て明治31年に初代民選京都市長となる。37年に衆議院議員などを務めた。

中井弘（1838～94）は薩摩藩士で外交官、政治家であり、「鹿鳴館」の名付け親でもある。明治17年に滋賀県知事、明治26年に第五代京都府知事になり、第4回内国勧業博覧会や京都舞鶴間鉄道の建設に力を尽くした。

92 解答 **イ** 槇村正直

10「京都の商店街」に関する記述について、最も適当なものを ア ～ エ から選びなさい。

問 93

京都三条会商店街は全長約800メートルの距離の長い商店街だが、その中にある又旅社（御供社）には、7月24日、三基の神輿が渡御する。それはどの神社の神輿か。

ア 神泉苑　　イ 武信稲荷神社
ウ 梛神社　　エ 八坂神社

貞観11年（869）、平安京に疫病が蔓延した際、**神泉苑**に66本の矛を立て、**八坂神社**から神輿を迎えて収束を祈願する祇園御霊会が行われた。このときに斎場が設けられた場所が現在、又旅社（御供社）が建つところ。当時は、神泉苑の南端だったという。そして、この祇園御霊会が祇園祭の起源である。7月24日、祇園祭前祭（さきまつり）の還幸祭では、八坂神社の3基の神輿が夕刻、四条御旅所を出発。それぞれのルートを経て、又旅社で祭典を行った後、八坂神社へ還幸する。なお、又旅社は現在、八坂神社の境外末社となっている。

武信稲荷神社は、平安時代の貞観元年に藤原良相（ふじわらのよしすけ）によって創祀された。境内には厳島神社から苗木を移植したと伝わる樹齢約850年のエノキ（京都市天然記念物）があり、坂本龍馬と妻・お龍（りょう）の逸話が残されている。

梛神社は祇園祭の山鉾巡行の際に、石の上に神饌（しんせん）を置いて神に供えるならわしになっている。

93 解答
エ 八坂神社

10「京都の商店街」に関する記述について、最も適当なものを**ア**～**エ**から選びなさい。

問 94 伏見大手筋商店街には、伏見ゆかりのキャラクターたちが太陽電池で動くからくり時計がある。「お邪魔しました」の意味の京ことばが名称となっているその時計の名前はどれか。

ア イチゲンハン	**イ** ハバカリサン
ウ オヤカマッサン	**エ** オコトーサンドス

解答は**オヤカマッサン**。伏見大手筋商店街内にある近畿労働金庫伏見支店の外壁2階部分に設置されたからくり時計＝写真＝の名称にも用いられ、伏見ゆかりのキャラクター「饅頭食い」「千利休」「牛若丸」「森の石松」「豊臣秀吉」「伏見城」「千姫」「花傘行列」「坂本龍馬」「新撰組」「酒造り」が順次現れ楽しめる。

イチゲンハンはあまりなじみではない、初めてのお客さんのことを言い、「イチゲンハンはお断りしとくれやっしゃ」などと使われる。

ハバカリサンは最近では、使用頻度は少なくなったが「ごくろうさま」のことをいう。

オコトーサンドスとは、「お忙しいことです」「お事の多いことです」など、正月準備で忙しい年末に用いるあいさつの京ことば。祇園の花街では、事始めの日に聞かれる。

94 解答
ウ オヤカマッサン

10「京都の商店街」に関する記述について、最も適当なものをア～エから選びなさい。

問 95

太秦は映画の撮影所が集中し、「日本のハリウッド」と呼ばれた。大映通り商店街のシンボルとなっている高さ約5メートルの特撮映画のヒーローの像はどれか。

ア ウルトラマン　　イ ゴジラ
ウ 鉄人28号　　エ 大魔神

大魔神(だいまじん)は大映京都撮影所で昭和41年（1966）に制作された元祖特撮映画『大魔神3部作』のヒーロー。美術会社（創造社）により製作され、倉庫に眠っていたものを「キネマのまち太秦のシンボルに」と修復して平成25年（2013）に大映通り商店街に設置された。

ウルトラマンは円谷プロのウルトラマンシリーズに登場する架空のヒーローで、昭和41年から昭和44年まで毎週日曜日にテレビ放送され、50年以上経った今も続編が盛んに作られるなど人気は衰えることがない。平成25年に、テレビ番組「ギネス世界記録」に認定された。

ゴジラは東宝制作による特撮怪獣映画『ゴジラ』に登場する架空の怪獣。第一作は昭和29年の公開で、当時社会問題となっていた第五福竜丸が被爆したビキニの水爆実験に着想を得た作品。

鉄人28号は、横山光輝の漫画作品に登場する架空の巨大ロボット。ラジオドラマをはじめ、特撮テレビドラマ、テレビアニメ、映画、テレビゲームなどに展開されている。

95 解答
エ 大魔神

10「京都の商店街」に関する記述について、最も適当なものを**ア**～**エ**から選びなさい。

問 96

嵐山商店街のキャラクターとなっている「月橋渡(つきはしわたる)」は渡月橋にちなんでいる。「渡月橋」の名前を名付けたとされる天皇は誰か。

ア 亀山天皇
イ 後嵯峨天皇
ウ 四條天皇
エ 花園天皇

解答は**亀山天皇**（1249～1305)。舟遊びの月を見上げ「くまなき月の渡るに似る」と言ったことから「渡月橋」という風流な名前で呼ばれるようになった。嵐山商店街の公式キャラクラー・月橋渡は白い体の背中に渡月橋を背負っている。

後嵯峨天皇（1220～72）は、鎌倉幕府の執権・北条泰時に擁立されて即位。在位4年譲位し、院政を行った。

四條天皇は寛喜(かんぎ)3年（1231)、後堀河天皇の第一皇子として生まれ、親王から皇太子に立てられた。天皇崩御によって2歳で即位。九条彦子を女御としたが、不慮の事故により仁治3（1242）年に12歳で崩御した。

花園天皇（1297～1348）は、伏見天皇の第三皇子、母は藤原季子。幼少より学問に秀で、歴代天皇の記録や和漢の史書、老荘をはじめ「諸子百家」にわたって読破。詩歌も好み『風雅集』の撰にあたり、日記『花園院宸記』なども残している。

96 解答
ア 亀山天皇

10「京都の商店街」に関する記述について、最も適当なものをア～エから選びなさい。

祭が行われる6月5日、宇治橋通り商店街も歩行者天国となる。「暗闇の奇祭」と呼ばれているこの祭はどれか。

ア やすらい祭　　イ 県祭
ウ 牛祭　　エ 五月満月祭

県祭（あがた）＝写真＝は「暗夜の奇祭」ともいわれる宇治を代表する祭り。江戸時代に始まったとされる。6月5日午後11時に梵天（ぼんてん）神輿は県神社梵天奉安所を出祭して本殿へ。本殿で6日0時遷霊の秘儀が行われ、以後一切の燈火が禁ぜられる。梵天講（地元信者）の若衆が梵天神輿を担ぎ、ぶん廻し振り等を披露する。渡御（とぎょ）の道筋は家々も明かりを落として出迎える。午前1時に県神社本殿に還御される。

やすらい祭は、北区の今宮神社で行われる祭で、「鞍馬の火祭」「太秦の牛祭」とともに京の三奇祭に数えられ、国の重要無形民俗文化財に指定されている。「やすらい花や」の掛け声で、桜やツバキなどで飾られた花傘を中心に、赤毛・黒毛の鬼達などおよそ20人の行列が練り歩く。疫病を鎮め、健康を願う春のさきがけの祭として知られる。

牛祭は太秦広隆寺で行われ、摩多羅神（またらじん）の仮面をかぶった男が牛に乗り、赤鬼・青鬼の面をつけた四天王が境内を回り祭文を読み上げる（近年は休止が多い）。

五月満月祭（うえさくさい）は牛若丸や天狗にまつわる伝説で、京都屈指のパワースポットとしても知られる鞍馬寺の祭り。自然豊かな境内で満月の夜に行われ、広大な寺域を散策がてらに参拝する人々でにぎわう。

97 解答 イ 県祭

10 「京都の商店街」に関する記述について、最も適当なものを ア ～ エ から選びなさい。

問98 毎年秋に「KARA－1グランプリ」が開催されるが、全国の激辛ファンからの熱い支持がある激辛商店街はどこにあるか。

ア 舞鶴市　　イ 宇治市

ウ 向日市　　エ 亀岡市

毎年秋に「KARA－１グランプリ」＝写真＝が開催されているのは**向日市**。地元の京都向日市激辛商店会が中心となって、街おこしの一環として平成24年（2012）年からスタートさせた。会場には「辛くて旨い＝辛旨」な料理を出す店が多数並び、客の投票によって「激辛グルメ」ナンバーワンを決定する。

舞鶴市では「赤れんがパーク」において年間を通じて様々なイベントが開催されており、なかでも毎月第２日曜日に開かれる手作り市「赤レンガバザール」が人気。京都府内だけでなく福井県や兵庫県からも出店者が集まり、手作りのアクセサリーやグッズ、スイーツ、ドリンクなどが並ぶ。

宇治市では、宇治川沿いの宇治橋通り商店街で毎年10月に「宇治橋通りわんさかフェスタ」が開催され、商店街の各店が参加するほか、高校生による演奏パレードなども行われる。

亀岡市では毎年桜の開花に合わせて、七谷川沿いの桜を楽しむ「桜まつり」を開催しているが、催し物や近隣商店街からの出店でにぎわう。

98 解答
ウ 向日市

10「京都の商店街」に関する記述について、最も適当なものをア～エから選びなさい。

問99 洛北にある御薗橋801商店街のイメージキャラクターとしてコミック化され、全国的に注目されたものはどれか。

ア てらぼん　　イ なやまっち
ウ もてなすくん　　エ やおいちゃん

解答は**やおいちゃん**＝写真＝。北区の上賀茂御薗橋商店街の要請で京都精華大学生の「はるな」さんが、「801ちゃん（やおいちゃん）」を作成して誕生。京都の名産品「賀茂なす」イメージしてデザインされた。名前の由来は全長が約800メートルある御薗橋801商店街が未来へもう１歩伸びるようにと「1」を足したことにある。かつては、801ちゃんの子供SAKURA（サクラ）ちゃんキャラクターも誕生している。

"てらぼん"は寺町京極商店街にとって座敷童（ざしきわらし）的存在。トレードマークは"て"の字形の"ちょんまげ"。"てらぼん"を見た人は幸せになるといわれている。

なやまっちは伏見納屋町商店街のゆるキャラ。アーケード内で流されている「なやまっち体操」は誰でも口ずさめる歌として親しまれている。

もてなすくんは山科地域商業ビジョン推進委員会が地域を盛り上げるため、京の伝統野菜の「京山科なす」をモチーフに考案したゆるキャラ。

99 解答
エ やおいちゃん

10 「京都の商店街」に関する記述について、最も適当なものをア～エから選びなさい。

問100 百鬼夜行の通り道「一条妖怪ストリート」と称し、10月に開催する妖怪仮装行列が人気を呼んでいる商店街はどこか。

ア 大将軍商店街　イ 北野商店街
ウ 新大宮商店街　エ 新町商店街

室町時代に成立した「付喪神（つくもがみ）絵巻」の物語によると、平安京煤払いの際に捨てられた古道具が陰陽の理を利用して妖怪「付喪神」となり、一条通を夜中に大行列したという。この百鬼夜行を現代によみがえらせる妖怪仮装行列でにぎわうのは**大将軍商店街**。作家が集まり妖怪グッズを販売する妖怪手作り市で、妖怪仮装行列「一条百鬼夜行」＝写真＝が年に一度行われる。

北野商店街は北野天満宮の参道で、日本初の路面電車（京都市電）が走っていたころから西陣の台所として知られる。市電は、明治・大正・昭和と三代に渡り走り続け、昭和36年（1961）に廃止された。商店街中央の三角広場には、市電の銅板モニュメントが設置されている。

新大宮商店街は北大路通と北山通の間の大宮通にある商店街。戦後まもなくからにぎわいをみせ、近隣の人々に親しまれている。

新町商店街は地元の人に愛されている店が多い。新町商店街と京都府立大学連携による商店街の「のれん型タペストリー」を制作した。

100 解答
ア 大将軍商店街

1級

問題と解答例・解説
63問

1 歴史・史跡について、次の問いに答えなさい。（1）～(10)（2点×10問＝20点）

長岡京や平安京に遷都した桓武天皇の父で、三室戸寺の創建伝承にゆかりのある天皇は誰か。

桓武天皇の父は**光仁天皇**（709～82）である。第四十九代天皇で、天智天皇の孫にあたる。最初、白壁王と称した。称徳天皇が崩じると皇太子に立てられ、即位して宝亀と改元。62歳であった。天皇ははじめ聖武天皇の皇女・井上内親王を皇后にし、他戸（おさべ）親王を皇太子に立てたが、まもなく廃后・廃太子を決行し、高野新笠（たかののにいがさ）の生んだ山部親王を皇太子とした。後の桓武天皇である。三室戸寺は、光仁天皇がみた観世音菩薩の霊験譚により創建されたと伝える。

1 解答例　光仁天皇

干天が続くとしばしば祈雨の法会が催された神泉苑において、西寺の僧・守敏と法力合戦を繰り広げ、勝利したと伝わる東寺の僧は誰か。

天長元年（824）の神泉苑での祈雨に際し、西寺の僧・守（しゅ）敏（びん）と法力を競った僧は**空海**（774～835）である。空海は、俗姓佐伯氏。讃岐の人。真言宗の開祖で、諡号（しごう）は弘法大師。延暦23年（804）、入唐して長安・青龍寺の恵果（けいか）に真言密教を学ぶ。大同元年（806）、帰国。弘仁7年（816）、高野山に金剛峯寺を開創。弘仁14年には東寺を賜り、これを国家鎮護の祈祷道場とした。書に優れ、三筆の一人といわれる。

2 解答例　空海

■1 歴史・史跡について、次の問いに答えなさい。

問3 平安前期に人臣として初めて関白の地位につき、宇多天皇に対して「阿衡の紛議」を起こした人物は誰か。

藤原基経（836～91）は、藤原氏北家、中納言・藤原長良の三男。母は乙春（タカハルとも）。叔父であった摂政・良房の養子となる。良房が薨じたあと、摂政を引き継ぎ、清和天皇、陽成天皇、光孝天皇、宇多天皇の四代にわたり、朝廷の実権を握った。宇多天皇のとき、関白就任に際した基経の上表に対して左大弁・橘広相が草した一文により「阿衡の紛議」が起こった。広相は排斥され、天皇が謝意を示し、事態は収拾。藤原氏優位を知らしめた。

3 解答例　藤原基経

問4 近衛家の陽明文庫に伝わる国宝で、ユネスコ「世界の記憶」にも選定されている藤原道長が著した日記は何か。

平成25年（2013）にユネスコ「世界の記憶遺産」に登録された藤原道長（966～1027）の日記は、**『御堂関白記』**である。近衛家の陽明文庫には、道長自筆本14巻と古写本12巻が現存し、ともに国宝に指定されている。平安時代末期までの36巻が存したとされるが、現存するものは、道長33歳の長徳４年（998）から56歳の寛仁５年（1021）までである。

4 解答例　御堂関白記

問5 応長元年（1311)、わが国で初めて国師号が賜与された。聖一国師の号を贈られた東福寺の開山は誰か。

応長元年（1311)、わが国最初の国師として聖一国師（しょういちこくし）の号を贈られ、東福寺の開山となった僧侶は**円爾**（えんに）（1202～80）である。房号と初めの諱を組み合わせて円爾弁円とも呼ばれる。近江の園城寺（三井寺）や東大寺で修行し、中国・宋に渡って仏法を学んだ。帰国後は博多の承天寺の開山となった後に、摂政・九條道家の招きで上洛し、北条時頼の帰依も受けた。道家は東大寺と興福寺に匹敵する寺院の建立を発願し、大本山東福寺の開山として円爾を迎えた。

5 解答例　円爾

応仁・文明の乱の頃に大徳寺の住持もつとめた「風狂の僧」として知られる人物で、酬恩庵に等身大の像がある僧は誰か。

酬恩庵に等身大の像がある室町時代の僧侶は、**一休宗純**（いっきゅうそうじゅん）（1394～1481）である。後小松天皇の皇子として生まれたが早くに宮中を出て出家した。貴族や武家にわたる幅広い尊敬を受け、文明６年（1474）には大徳寺の住持に招聘された。高僧でありながら既成仏教にあきたらず、型破りな行動をしたため「風狂」といわれた。山城国の薪（京田辺市）の酬恩庵で没し、そこに墓所が作られている。

6 解答例　一休宗純

問7 金地院を再興した人物で、禁中並公家諸法度を起草するなど江戸幕府の政治にも関与した僧は誰か。

以心崇伝（1569～1633）は、安土桃山時代から江戸時代の臨済宗の僧。字は以心、法名が崇伝で、南禅寺金地院に住したため、金地院崇伝とも呼ばれる。足利義輝に仕えた一色秀勝の次男。徳川家康の元で江戸幕府の法律の立案・外交・宗教統制を一手に引き受け、その権勢から「黒衣の宰相」の異名をとる。大坂冬の陣の発端となった方広寺の鐘銘事件に関与したともいわれる。寛永10年（1633）、江戸の金地院で死去。65歳。諡号は円照本光国師。著作に『本光国師法語』など。

7 解答例　以心崇伝

問8 光格天皇は父の閑院宮典仁親王への追号を幕府に望んだがかなわず、のちに明治天皇によって実現した。その天皇名は何か。

閑院宮典仁親王（1733～94）は、東山天皇の孫にあたる。後桃園天皇に皇子なく、安永８年（1779）の崩御にあたり、求められて第六皇子・祐宮を皇嗣とした（光格天皇）。光格天皇は実父に太上天皇の尊号を贈ることを希望したが、江戸幕府の老中であった松平定信に拒まれ実現しなかった（尊号事件）。が、明治17年（1884）、太上天皇の尊号と**慶光天皇**の諡号が贈られた。陵は廬山寺にある。

8 解答例　慶光天皇

1 歴史・史跡について、次の問いに答えなさい。

問9 幕府の老中や京都所司代を務めた淀藩の最後の藩主は誰か。

稲葉家は、二代当主・正勝が将軍・家光の乳母・春日局の子であったため出世する。その後、相模小田原藩から淀に移封した。

幕末の当主は、**正邦**（1834〜98）である。文久3年（1863）に京都所司代となり、八月十八日の政変では長州藩など破約攘夷論者の排除を実行した。翌年4月に老中となり、家茂・慶喜両将軍を補佐した。慶応4年（1868）1月の鳥羽伏見の戦いでは、江戸にいて不在であったため、家臣が新政府側に応じ、その勝利に貢献した。

9 解答例　稲葉正邦

問10 北区小山中溝町に旧居が残る、『広辞苑』を編纂したことで知られる人物は誰か。

『広辞苑』（岩波書店）は、昭和30年（1955）の初版以来、現在までに第7版を重ね、広く国民に利用される国語辞典。その編纂（へんさん）者は**新村出**（しんむらいずる）（1876〜1967）。新村は、明治時代から昭和にかけての言語学者、国語学者である。

東京帝国大学助教授を経て、ヨーロッパ留学後、京都帝国大学教授となり、日本言語学会会長などとして広く活躍した。とくに語源・語誌の研究において、キリシタン文献を研究し、紹介するなど顕著な業績を残した。昭和31年に文化勲章。仏文学者の新村猛（たけし）（1905〜92）は次男。父の死後、『広辞苑』の改訂に努めた。旧居＝写真＝は木戸孝允邸を移築したものである。

10 解答例　新村出

2 神社・寺院について、次の問いに答えなさい。(11)～(20)（２点×10問＝20点）

問11 神護寺の鎮守として空海が宇佐神宮から勧請したといわれ、天井に四十四面の花卉が描かれている「花の天井」で知られる神社はどこか。

平岡八幡宮は右京区梅ケ畑一帯の産土社で、梅ケ畑八幡宮ともいわれる。大同４年（809）、弘法大師が神護寺の鎮守社として勧請し、自ら僧形八幡坐像を描いてご神体とした。現在の社殿は文政９年（1826）に造営されたもので、稀少な切妻造の本殿。平成12年（2000）に京都市の登録文化財に指定されている。本殿内陣の「花の天井」は、江戸時代に描かれたもので、綾戸鐘次郎藤原之信という画工の筆である。

11 解答例　平岡八幡宮

問12 四条寺町の御旅所に隣接する八坂神社の境外末社で、「誓文払い」の神として信仰されている神社はどこか。

解答は四条寺町南東側に建つ**冠者殿社**。商人は例祭・誓文払いにて利益に感謝して商売繁昌を願い、年一回の特売をしてお客に利益を還元した。祇園祭の神輿がここに奉安される間、花街では無言詣を行う。御誓文は天照大神と素戔嗚尊の誓約に由来する。御誓文をもって源義経を欺いた土佐坊昌俊という頼朝の冠者が、捕まり斬首されるときに懺悔し、誓文払いの守護神となって冠者殿社に祀られたともいわれる。

12 解答例　冠者殿社

2 **神社・寺院について、次の問いに答えなさい。**

問13 西院春日神社の境内社で、旅行安全の守り神として信仰されている神社はどこか。

解答は**還来神社**（もどろき）。天長10年（833）に淳和（じゅんな）天皇が譲位し、淳和院（西院）に移ったときに、守護神として大和国から勧請された西院春日神社の境内摂社。淳和天皇の皇后・正子（しょうし）内親王、藤原旅子（たびこ）、橘嘉智子（たちばなのかちこ）を祭神とする。淳和院が火災にみまわれた時、皇后が「この屋敷は類焼を免れ、必ず戻り還ることができるゆえ、しばらくの間立ち退くべし」と自ら避難の指示をし、その言葉どおり無事に戻った。その功績を称えて後世「還来の大神」として祀り、元に戻す意味から旅行安全、健康回復の信仰を集めている。

13 解答例　還来神社（もどろきじんじゃ）

問14 関西ラグビー発祥の起源を示す「第一蹴の地」の記念碑が社殿の前にあり、ラグビーボールの形の絵馬が納められている下鴨神社末社はどこか。

雑太社（さわたしゃ）は糺の森にある下鴨神社末社。祭神の神魂命（かんたまのみこと）の球技上達のご神徳から、明治43年（1910）9月10日、社前の糺の森馬場にて関西で初めてラグビーが行われた。これを記念し、昭和44年「ラグビー第一蹴の地」石碑が建立。近年はラグビーの神様として注目され、ラグビーボール形の絵馬や授与品がある。令和元年（2019）にはラグビーワールドカップ日本大会の関係者も多く参拝した。

14 解答例　雑太社（さわたしゃ）

2 神社・寺院について、次の問いに答えなさい。

問15 足利尊氏との抗争に敗れた、南北朝時代の武将・新田義貞のものと伝わる首塚が門前にある寺院はどこか。

鎌倉時代末期から南北朝時代の混乱の時代に、新田義貞（にったよしさだ）（1301ごろ～38）は、鎌倉幕府討幕の貢献者の一人、足利尊氏（あしかがたかうじ）と対立し、最後は越前藤島で戦死した。義貞の妻・勾当内侍（こうとうないし）が戦死した義貞の首を持ち帰り、その菩提を弔うための首塚があるのは**滝口寺**（たきぐちでら）である。

同寺の元は往生院（おうじょういん）の子院で、明治時代の廃仏毀釈（はいぶつきしゃく）で一時、廃寺となったが、後に滝口寺と祇王寺（ぎおうじ）として再興された。滝口寺は『平家物語』の滝口入道と建礼門院の侍女・横笛の悲恋の寺としても知られる。

15 解答例　滝口寺

問16 後白河法皇の身代り不動を本尊とし、明治時代までその御陵を守ってきた寺院はどこか。

後白河法皇（1127～92）が木曽義仲に攻められた際、「お不動様が身代わりとなり、助けられた」という身代わり不動伝説が残るのは**法住寺**（ほうじゅうじ）である。

同寺は平安時代中期に藤原為光が創設。その後、火事で焼失したが、後白河上皇が院御所として建造した。これが法住寺殿で、平清盛の寄進による蓮華王院（三十三間堂）も郭内に造営された。元禄時代には大石内蔵助が不動明王に祈願して大願成就したとも伝わり、四十七士像も安置されている。

16 解答例　法住寺

2 神社・寺院について、次の問いに答えなさい。

本尊の薬師如来像が飛来した伝説が記される「因幡堂縁起」の因幡堂（平等寺）の開基とされる人物は誰か。

開基とされるのは**橘行平**。因幡堂縁起によると、橘行平が長徳3年（997）、勅命により因幡国一宮（宇部神社）に赴いたが病を得て帰れなかったとき、夢告によって賀留津の海中に三国伝来の薬師如来像が浮かんでいるのを見つけて引き上げ、仮堂を建てて祀った。その後、帰京した行平を追って薬師如来像が飛来したため、邸宅に安置して寺とし、薬師堂、因幡堂としたという。承安元年（1171）、高倉天皇の勅願で平等寺となった。

17 解答例　橘行平

道元が伏見の深草に道場を創建し、淀城主永井尚政が宇治に復興した寺院はどこか。

宋から帰朝した道元禅師（1200～53）は、禅道場として深草に観音導利院興聖宝林寺を開創。その後、戦乱により廃絶したが、淀城主の永井尚政が**興聖寺**を再建した。尚政は約20年にわたって興聖寺の復興・護持に努めるとともに、住職として万安英種を招いた。万安禅師は道元の遺徳を慕い、その禅が同寺の伝統的禅風となった。

江戸時代から現代に至るまで諸国から多くの雲水が集まって修行し、越前永平寺、能登総持寺、加賀大乗寺、肥後大慈寺と併せて「日本曹洞五箇禅林」とうたわれている。

18 解答例　興聖寺

2 神社・寺院について、次の問いに答えなさい。

問19 洛陽三十三所観音霊場札所の一つである泉涌寺の塔頭で、ばんだい号墜落事故の遺族によって本堂が寄進された寺院はどこか。

東亜国内航空の「ばんだい号」は、昭和46年（1971）7月3日、函館空港に着陸直前、郊外の山地に墜落。乗員、乗客68人全員が死亡した。この事故の遺族の一人が、航空事故の絶無と殉難者の慰霊を祈願して**善能寺**（ぜんのうじ）＝写真＝に本堂・祥空殿を寄進した。同寺は、大同元年（804）、弘法大師の創建とされ、空海が稲荷大明神を祀ったのがはじまりという。元は八条猪熊近辺にあった。

19 解答例　善能寺

問20 今年（2019）、国宝の曜変天目茶碗3碗が同時期に公開されるという機会があったが、その1碗を所蔵する大徳寺の塔頭はどこか。

曜変天目茶碗は、黒釉の面にたくさんの瑠璃色の斑文がまるで星のように美しく浮かびあがるのが特徴の名碗。つくられたのは中国だが、日本にしか伝来していない。国宝3点は東京の静嘉堂文庫美術館所蔵と、大阪の藤田美術館が所蔵する水戸徳川家伝来の名品、そして京都の**大徳寺**の塔頭**龍光院**が所蔵する。昨年は滋賀のMIHO MUSEUMで3碗が同時期に展示され話題を集めた。

20 解答例　龍光院

3 **建築・庭園・美術について、次の問いに答えなさい。(21)～(30)**
（２点×10問＝20点）

今年（2019）鎮座1300年を迎えた、元伊勢と称される丹後の籠神社の本殿の神社建築様式は何というか。

神明造は、神社建築の本殿形式の一つで伊勢神宮正殿と同形式のものをいう。出雲大社に代表される大社造や住吉大社に代表される住吉造とともに、もっとも古い神社建築様式とされる。桁行が三間、梁行が二間、平入り切妻直線構造で、柱は掘立とし、両側面に棟木を支える棟持柱（二柱）があり、屋根は茅葺か檜皮葺。切妻造で大棟の両側面に障泥板を加え、飛貫で留め、その上に甍覆を冠し、さらに堅魚木を並べて破風がのびて千木となる。

21 解答例　神明造

南丹市美山町にある古民家で、慶安３年（1650）の墨書があり、建立年代が明らかな民家としては最古の農家として国の重要文化財の指定を受けたのは何家の住宅か。

南丹市美山町樫原にある重文「**石田家**住宅」＝写真＝は、建築年代が明らかな農家の住宅としては日本で一番古いとされている。昭和48年（1973）から始まった解体復元工事中、接ぎ木部分から慶安３年（1650）３月11日の墨書が発見された。入母屋造かやぶき平屋建てで、丹波地方東部に多い「北山型民家」の初期の姿をとどめている。

22 解答例　石田家

問 23

アメリカ人のキリスト教宣教師として来日し、教育、医療、建築の分野で事業を展開、同志社大学アーモスト館、大丸ヴィラ、東華菜館の設計を手掛けた人物は誰か。

ウィリアム・メレル・ヴォーリズ（1880〜1964）はアメリカの建築家。明治38年（1905）に滋賀県立商業学校（現・滋賀県立八幡商業高等学校）の英語教師として赴任。キリスト教伝道の傍ら近江兄弟社を起こし、建築をはじめ、製薬、医療、教育事業を展開し、琵琶湖畔の近江八幡を拠点に活動した。キリスト教会やミッションスクールのほか、個人宅や商業施設まで幅広く手がけた。

23 解答例　ウィリアム・メレル・ヴォーリズ

問 24

岩倉具視幽棲旧宅にあって、当時の貴重な資料などが保管されている建築家・武田五一設計の建物は何か。

岩倉具視幽棲旧宅にある武田五一設計の建物は**対岳文庫**である。昭和３年（1928）の竣工で、平成19年（2007）に国の登録有形文化財となった。

鉄筋コンクリート造平屋建てで、桟瓦葺。東西棟の主屋に切妻妻入の玄関を突出し、外壁は上部をスクラッチタイル貼とし、腰を洗出しとする。内部は陳列室と収蔵室に分かれ、床板敷で、壁を板張とする。簡潔で軽快な意匠で、武田五一の手による小品の好例とされる。

24 解答例　対岳文庫

3級
2級
1級

■3 建築・庭園・美術について、次の問いに答えなさい。

東山の傾斜地沿いに、境内の高低差を利用し長楽寺の庭園を作庭したと伝わる人物は誰か。

東山区円山町に所在する時宗の寺院である長楽寺の庭園は、**相阿弥**(そうあみ)（？～1525）作と伝えられる。長楽寺の庭園は、書院の東の山畔を利用して作られた池庭で、池中には中島を設け、石橋を架け滝を落としている。江戸時代の享保20年（1735）に刊行された北村援琴の『築山庭造伝』に取り上げられており、相阿弥作で、庭の景が優れ、自然の趣がある姿として表されている。江戸時代から名園として認識されていたことがわかる。

25 解答例　相阿弥

樹齢700年といわれる京都市登録天然記念物のゴヨウマツや額縁庭園で知られる大原の寺院はどこか。

宝泉院は洛北大原に所在する勝林院山内の一院で、平安時代末期に声明研究の専門寺院として創建されたとされる。

宝泉院の庭園には樹齢700年といわれる京都市指定の天然記念物のゴヨウマツがあり、近江富士をかたどってつくられているのが珍しいとされる。近江富士とは滋賀県野洲市三上にある三上山のこと。また、客殿の西庭は盤桓園(ばんかんえん)と称され、柱と柱の空間を額縁に見立てた額縁効果によって、竹林の間より大原の里を眺める景色が際立っている。

26 解答例　宝泉院

3 建築・庭園・美術について、次の問いに答えなさい。

問27 東寺金堂の薬師三尊像の作者で、今年（2019）、因幡堂（平等寺）の弘法大師像の作者でもあることが判明した仏師は誰か。

桃山時代から江戸時代初期に京都を中心に活躍した大仏師、**康正**（1534～1621）がその人だ。文禄4年（1595）に豊臣秀吉の命で方広寺の大仏殿再建に携わったほか、慶長7年（1602）から9年にかけて東寺金堂の薬師如来坐像を造ったことが知られる。因幡堂（平等寺）の弘法大師像は平成31年（2019）に龍谷大ミュージアムで開催された因幡堂（平等寺）展に向けた調査で像の底部から銘文が見つかり、康正の最晩年の作であることが判明した。

27 解答例　康正

問28 京都出身の文人画家で、明治21年（1888）から明治26年（1893）まで車折神社の宮司を務めた人物は誰か。

幕末、明治、大正の三つの時代を生きた**富岡鉄斎**（1837～1924）がその人。法衣商の家に生まれたが、幼少期に患った病気で耳が不自由となり、学問の道に進んだ。生涯を儒者（学者）として生きたが、余技として独学で始めた書や絵画は膨大な数にのぼり、「万巻の書を読み、万里の道をゆく」文人画家の精神を名実ともに実践し、独創的な芸術世界を築き上げて帝室技芸員、帝国美術院会員を拝命した。53歳から5年間、宮司を務めた車折神社には鉄斎筆による本殿扁額をはじめ書画などゆかりの品々がある。

28 解答例　富岡鉄斎

■3 建築・庭園・美術について、次の問いに答えなさい。

問29 室町幕府の御抱え絵師となり狩野派の祖となった人物は誰か。

室町時代から明治時代初期まで400年続いた狩野派の始祖は**狩野正信**（1434～1530）である。伊豆の人、狩野宗茂の後裔で、京都に出て小栗宗湛に絵を学んだと伝えられる。やがて宗湛の跡を継いで室町幕府の御用絵師となり、足利義政の東山山荘（銀閣寺）に「十僧図」を描いたのをはじめ、中国絵画の影響を受けた漢画に日本的な要素を加えた水墨画を描き、肖像、仏画、障壁画など幕府関係の多数の制作が知られる。遺作では「周茂叔愛蓮図」、「山水図」などが基準作とされる。

29 解答例　狩野正信

問30 東寺の子院、観智院が所蔵する「鷲の図」や「竹林図」を描いたといわれる人物は誰か。

慶長10年（1605）の建立という観智院客殿の床壁貼り付けの「鷲図」や「竹林図」襖絵を描いたのは、江戸時代初期の剣術家で兵法家の**宮本武蔵**（1584？～1645）。美作（岡山県）の出身とされ（播磨という説も）、若い時期から武道修行で諸国を遍歴、青年期に二刀流を案出し、二天流剣法の始祖となった。佐々木小次郎との巌流島の決闘で有名。剣法の一方で書画にも優れ、「鵜図」や「芦雁図」（永青文庫）、「枯木鳴鵙図（こぼくめいげきず）」（和泉市久保惣記念美術館）が代表作として知られる。

30 解答例　宮本武蔵

4 芸術・文化、生活・行事について、次の問いに答えなさい。(31) ～(40)
(２点×10問＝20点)

問31 シルクロードを経て日本に技術が伝わり、江戸時代に刀剣のつばに施されて人気を博した京都府知事指定伝統工芸品は何か。

シルクロードを経て日本に技術が伝わり、江戸時代に刀剣のつばに施すのが流行した伝統工芸品は**京象嵌**（ぞうがん）＝写真＝。地金に極薄の刃物を使って付けた細い布目筋模様に金、銀、銅などをはめ込み、漆焼きや研ぎ出しなどの工程を経て華麗な模様を創り出す技術。明治の廃刀令で大打撃を受けたが、欧米への土産物として人気が出て、アクセサリーや花瓶などにも応用されて京の伝統工芸品として確固たる地位を保っている。

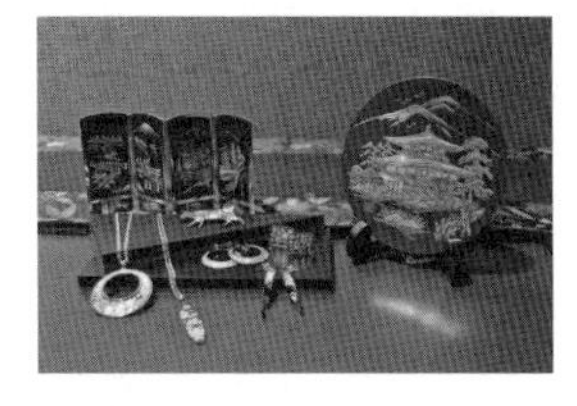

31 解答例　京象嵌

問32 京扇子の一種で、畳んでも先端が広がる形状をしており、儀礼での必需品として主に寺院で大切に扱われるものは何か。

京扇子のうち、畳んでも先端部分が広がっているものを「**中啓**（ちゅうけい）」という。室町時代に考案され、公家や武家が儀礼の際に手にしていた。公家社会では、もっとも正式なヒノキの薄板をひもで編んだ檜扇（ひおうぎ）に次ぐ格式ある持ち物だった。現在では、寺院や神社でも儀礼の道具として用いられているほか、能や狂言でも使われている。先が広がっているので祝いの意を込めて「末広（すえひろ）」ともいわれる。

32 解答例　中啓

4 **芸術・文化、生活・行事について、次の問いに答えなさい。**

六歌仙や三十六歌仙に選ばれた歌人で、紫野の雲林院にゆかりの人物は誰か。

六歌仙や三十六歌仙に選ばれた歌人で、紫野の雲林院にゆかりの人物は**僧正遍昭**（へんじょう）（遍照とも）（816～90）である。平安時代初期の僧で桓武天皇の孫にあたる。俗名、良岑宗貞（よしみねのむねさだ）。父は大納言安世（やすよ）。仁明天皇に仕え、蔵人頭にまでなったが、天皇の崩御により出家。山科花山の元慶寺に住して、仁和元年（885）僧正となり「花山の僧正」と呼ばれた。光孝天皇とも和歌などを通じて親しかった。元慶8年（884）には雲林院を元慶寺の別院としている。『古今和歌集』に17首採録され、歌集に『遍昭集』がある。

33 解答例　僧正遍昭

立華を大成した二代目池坊専好をはじめ歴代の墓がある寺院はどこか。

善想寺（中京区）＝写真＝は、想阿善悦が天文11年（1542）、洛西に建立した浄土宗寺院。本尊は阿弥陀如来。戦火で焼失した後、孫弟子の法春が天正10年（1582）、豊臣秀吉の命で現在地に再建したという。

平安時代後期の石仏阿弥陀如来、最澄自刻と伝える泥足地蔵尊のほか、二代池坊専好（1575～1658）から池坊専正（1840～1908）までの歴代華道家元の墓がある。門前の六角通を東へ進むと、池坊が住職を務める六角堂（頂法寺）に達する。

34 解答例　善想寺

4 芸術・文化、生活・行事について、次の問いに答えなさい。

「月はおぼろに東山」で始まる歌詞の碑が円山公園にあり、舞妓の舞でもおなじみの歌の題名は何か。

解答は「**祇園小唄**」（作詞·長田幹彦、作曲・佐々紅華）。昭和５年（1930）にマキノプロダクションで製作公開されたサイレント映画３部作「絵日傘」（金森万象監督）の主題歌として全国的に大流行。これが歌謡映画のハシリとなったともいわれている。小説家・長田幹彦（1887～1964）に作詞を依頼したもので、現在も祇園舞妓が最初に習う舞として親しまれている。毎年11月23日には祇園小唄祭が開催され、歌碑の建つ円山公園の池のほとりに舞妓らが集う。

35 解答例　祇園小唄

葵祭の斎王代列の歩く女官たちの中にあって、馬に乗る巫女は何と呼ばれているか。

斎王代を中心とする女人列のなかで、唯一馬に乗って参向するので**騎女**（むまのりおんな）と呼ばれている。本来は斎王付きの巫子（みかんこ）であり、女官のなかでも神事を司ってきた。「むま」は馬の古語で、「むまのり」は馬乗り、すなわち騎馬を意味する。騎女の装束は、袙（あこめ）の上に汗衫（かざみ）という、腋（わき）を縫い付けていない狩衣（かりぎぬ）のような上衣をつけ、馬の鐙（あぶみ）にのせた足には革靴をはいているのが特徴だ。行列の順番は、腰輿（およよ）に乗る斎王代の列の後に、騎女の列が登場する。

36 解答例　騎女

4 芸術・文化、生活・行事について、次の問いに答えなさい。

問 37 約200年にわたって休み山であったが、今年（2019）の祇園祭の後祭の山鉾巡行で、唐櫃で巡行に復帰した山は何か。

祇園祭の山鉾は令和2年（2020）現在33基。これは大船鉾（おおふねほこ）が平成26年（2014）に復興して以来の数である。そして、次の復興をめざす休み山に**鷹山**（たかやま）（三条通新町東入）がある。囃子方や保存会はすでに整い、令和元年の後祭では約200年ぶりに唐櫃で巡行に復帰した。この間、居祭は続けており、鷹を手にする鷹匠、犬を引く犬飼、そして樽を背負い、チマキを食べるカラクリが珍しい樽負の3体のご神体が会所に祀られている。

37 解答例　鷹山

問 38 田植え時の間食として重宝された、きな粉をふった粒餡入りの餅で、桂離宮の近くにある中村軒の名物として知られる京菓子は何か。

田植えなど農作業が多忙を極める時期に、農家の人々は自宅で休憩する時間も惜しんで働いていた時代があった。そんな農繁期の間食用には、餅屋などが田畑まで餅菓子を届けたことも。中村軒の**麦代餅**＝写真＝もその一つ。当時は1人2個の麦代餅を食べていたとされる。菓子代は、お金ではなくて麦で手渡されていたことから、麦代餅の名前が付いた。今なお中村軒では、麦代餅の餡をおくどさんで炊いている。

38 解答例　麦代餅

4 **芸術・文化、生活・行事について、次の問いに答えなさい。**

お祝いをもらった際、一般にその一割を一帖の半紙とともにお返しすることを何というか。

「おため」という。結婚、出産、新築などのお祝い金をもらった場合には、一般にその金額の１割を金封に入れ、先方が持参された広蓋や進物盆に１帖（20枚）の半紙とともに入れてお返しをする。この習慣、またお返しの金封のことを「おため」といい、「おうつり」ともいう。お返しの習慣は珍しくはないが、現金を返すところに特徴があり、その金額が間違いなく先方に渡った確認になるという利点も。こういうしきたりが現在も残っているのは、いかにも京都らしい。

39 解答例　おため

由来のある地名として知られるところで、五条寺という寺院の住職が寺を２つに分割して相続させたという伝説のある町名は何か。

烏丸通をはさんで綾小路通と仏光寺通の間に位置する**二帖半敷町**（にじょうはんじきちょう）である。江戸時代前期の京都の地誌『京雀』には、二つの町名の由来が書かれている。一つはこの地にあった五条寺が分割され、２人の弟子にわけて取らせたことから二帖半敷きの町と名付けられた説である。もう一つはこの町に畳が五帖しかない家があり、そこに在した兄弟が半分ずつ分けて住んだ説である。

40 解答例　二帖半敷町（にじょうはんじきちょう）

5【公開テーマ問題】「千本通」に関する次の記述について、（　　）に入れる最も適当な語句を書きなさい。(41)～(50)（２点×10問＝20点）

千本通の北部は、古来、蓮台野と呼ばれた葬送地が広がっていた一帯で、十二坊と呼ばれる真言宗の寺院（　41　）の北に近衛天皇の火葬塚、千本北大路の北東角に（　42　）天皇の火葬塚があることなどは、それを偲ぶものといえる。引接寺のあたりは蓮台野の入口といわれ、その寺のある町名は（　43　）である。南へ行くと東に釘抜地蔵（石像寺）があり、西にも少し入ったところに寺院（　44　）がある。その本堂は京都市街地で現存最古の木造建造物であり、行快作の釈迦如来坐像（重要文化財）を秘仏本尊として安置している。

今出川通をさらに南へ行くと、かつて映画館や劇場がひしめいていた西陣京極のあたりになる。明治41年（1908）、千本通一条上ルにあった芝居小屋「千本座」の経営者であった（　45　）が、小屋に出演していた役者を使って劇映画を撮ったのが、日本最初の劇映画であった。

千本丸太町の交差点付近は平安宮大極殿があったところで、千本旧二条付近には朱雀門があったことを示す石碑があり、平安宮の規模を想像できるとともに、南へと伸びる千本通は平安京の朱雀大路と重なっていることが実感できるだろう。千本三条の交差点の北東付近は、在原行平が創設した貴族の教育機関である（　46　）があったところで、その跡を示す石碑がある。

千本三条の交差点から南東方向に進んでいる道は（　47　）通である。バス路線は道なりにそちらへと進み四条大宮の方へと向かっているが、千本通は真っ直ぐ南に、一方通行の細い道となって続いている。北大路から三条の間の道幅の広い道路は、京都市電千本線の設置で拡幅されたものであって、三条以南の細い道幅こそが拡幅以前のものである。

五条から七条の間は、JR嵯峨野線に沿って、千本通と新千本通が並走する形になる。JR嵯峨野線の西側一帯には、日本で最初に開設された京都市中央卸売市場があり、京都の食文化を支えている。この辺りは平安時代、朱雀大路を跨ぐようにして東西に、渤海国などの使者をもてなした（　48　）という施設があったところで、近辺にそれを示す石碑や解説板がある。

七条通に達すると、今年（2019）の春、JR嵯峨野線の新駅として開業した（　49　）駅があり、京都鉄道博物館や京都水族館への最寄り駅となっている。ここからしばらく千本通は中断して、八条以南から再び新千本通と旧千本通が並走する形となる。九条通の付近は平安京の正面である羅城門があったところで、ここにも石碑がある。かつての朱雀大路は終わり、ここからまっすぐ南へは淀方面に通じていた古代の道路（　50　）と重なっている。

3級
2級
1級

(41) 解説

蓮華金宝山九品三昧院と号する古刹。寺伝によれば聖徳太子の創建と伝わり、当初は香隆寺と称した。天徳4年（960）に宇多天皇の勅願により東寺の長者・寛空僧正が中興して**上品蓮台寺**＝写真＝と改名した。広大な境内地だったが応仁の乱で焼失。文禄年間（1592～96）に性盛上人が復興し、蓮台野一帯、千本通を挟んで12の塔頭が建ち並び、十二坊の地名の由来となった。勅額は村上天皇から賜ったもので、本尊は延命地蔵菩薩。寺宝に平安時代の貴重な経典である国宝『絵因果経』を蔵し、境内には平安時代を代表する仏師・定朝の墓がある。

41 解答例　上品蓮台寺

(42) 解説

第七十代**後冷泉**天皇（1025～68）は、後朱雀天皇の第一皇子で母は藤原嬉子（ヨシコとも）。紫式部の娘・大弐三位が乳母を務めた。母の嬉子の兄、関白・藤原頼通が権力を持った時代で、外戚としての地位を保とうと、同時期に3人の皇后がたち三后並立となった。しかし皇子に恵まれず、天皇の崩御後には藤原氏を直接に外戚としない後三条天皇が即位した。帝の治世中の永承7年（1052）、末法の時代を迎える。この年に頼通は平等院を建立し、各地で仏塔や仏像が盛んに造立された。摂関政治に陰りがみえてきた時代だった。

42 解答例　後冷泉

(43) 解説

千本ゑんま堂の通称で呼ばれる引接寺がある町名を、**閻魔前町**（えんままえちょう）という。この寺は蓮台野の入り口にあり死者に引導を渡していたお堂で、平安時代初期の文人閣僚・小野篁の冥官伝説が伝えられえている。本尊・閻魔大王像は、篁が閻魔大王から「我を船岡山の麓に祀れ」との命を受け、閻魔像を造り、安置したという伝承がある。寺の周辺には、葬送地を伝える地名が残されている。

43 解答例　閻魔前町（えんままえちょう）

(44) 解説

現在国宝となっている**大報恩寺**（だいほうおんじ）の本堂造営について、夫婦愛を伝える伝説がある。本堂造営の棟梁を務めた長井飛騨守高次（ながいひだのかみたかつぐ）が、柱の寸法を間違えて短く切ってしまい苦悩していた。妻のおかめさんは桝組（ますぐみ）で補うことを助言して窮地を救うが、大工でもない素人の知恵で夫が大仕事を成し遂げたとあっては恥になると上棟式の前に自害する。高次は上棟式の御幣に妻の面をつけて冥福を祈ったという。この由縁からおかめ信仰発祥地となり、境内の「おかめ塚」には夫婦円満、縁結び、子授けを祈願する人々が多々訪れる。

44 解答例　大報恩寺（だいほうおんじ）（千本釈迦堂（せんぼんしゃかどう））

(45) 解説

牧野省三（1878～1929）は、「日本映画の父」と呼ばれる映画監督、制作者、脚本家である。父は勤皇農兵隊・山国隊名主の藤野斎、母は女義太夫で芸妓の牧野やなで、西陣で生まれた。明治34年（1901）に西陣千本座を手に入れ、興行師としての手腕を振るう。その後映画制作に参入。最初の作品は真如堂で撮影された『本能寺合戦』で、現在真如堂境内に京都映画発祥の碑がある。尾上松之助を見出し、マキノプロダクションを設立して、阪東妻三郎をはじめとするスター俳優や衣笠貞之助や内田吐夢などの名監督を育てた。数多くの映画を撮影し、撮影所を構えた等持院に銅像がある。

45 解答例　牧野省三

---

(46) 解説

律令制の下で式部省が直轄する官僚育成機関として大学寮が作られ、学生は直曹に寄宿していた。平安時代初期に藤原氏が勧学院を設立し大学別曹としたのを機に、有力氏族が大学別曹を設立した。元慶5年（881）、在原行平は、勧学院にならい**奨学院**を現在の千本三条の交差点付近にあたる左京三条、大学寮の南、勧学院の西に創建した。皇親諸王、皇別氏族（源氏、平氏、在原氏など）一族の子弟が利用した。昌泰3年（900）に大学寮南曹となり、勧学院とならび「南曹の二窓」とよばれた。奨学院址石標＝写真＝は、大正6年（1917）、京都市教育委員会により建立された。

46 解答例　奨学院

(47) 解説

千本通は三条通の交差点からまっすぐに南下し、細い通りとなり、材木商街を抜けて四条通を越えて南下していく。**後院**通は千本通三条交差点から千本通と別れて斜めに走り、千本通三条交差点から四条通まで南下する１キロにも満たない通りである。明治時代の京都三大事業において、路面電車が敷かれるときに、四条大宮より南の大宮通を拡張した。それに連結させる通りとして、京都では珍しい斜めの通りが造られた。市電開通による町の分断に対して反対運動があったともいわれている。ここに京都市電・千本大宮線が運行し、路線は四条大宮から北区の紫野を結んでいた。

47 解答例　後院（こういん）

(48) 解説

下京区西新屋敷揚屋町の角屋前に、大正４年（1915）に京都市教育委員会が建立した東鴻臚館址を示す石標がある。**鴻臚館**は外国人を接待するための施設で、平安京においては羅城門の北側に朱雀大路（千本通）をはさんで東西に東西鴻臚館が建立された。しかし弘仁年間（810〜24）に東西市が置かれるのにともない、七条北の石標のある現在地に移転した。『源氏物語』桐壺の巻に鴻臚館の記述がある。鴻臚館は主に渤海国をもてなしていたので、延長５年（927）に渤海国が滅亡すると衰退した。

48 解答例　鴻臚館

(49) 解説

梅小路京都西駅＝写真＝は平成31年（2019）３月16日に開業した西日本旅客鉄道（JR西日本）山陰本線（嵯峨野線）の駅である。梅小路公園では、平成28年４月29日に梅小路蒸気機関車館が京都鉄道博物館としてグランドオープンし、平成24年３月14日に開業した京都水族館もあり、観光客が大幅に増加。しかし最寄りの京都駅から約1.7キロ離れており新駅設置が検討されていた。決定までの仮駅名はJR七条駅だったが、平成30年３月から４月にかけて公募され、駅名は梅小路京都西と発表された。

49 解答例　梅小路京都西

(50) 解説

鳥羽作道は、平安京の玄関口・羅城門より真南に伸び、鳥羽を経由して淀方面に至る古道。北端は朱雀大路（千本通）につながる。内陸の都と河口の難波津を結ぶ重要な街道だったと考えられている。作られた年代は諸説あり、平安京遷都以前からある説や、鳥羽上皇が院御所・鳥羽離宮を造営したときに造られた説などがある。しかし平安京造営時には、淀川からの物資を運ぶ重要な幹線道路だったと考えられている。『拾遺都名所図会』巻之四天明７年（1787）刊行「鳥羽作り道」項には、荷を担いで走る人夫の姿が描かれ、禁裏や都に魚荷を運ぶために鳥羽畷を走ったという解説がある。

50 解答例　鳥羽作道

6 江戸時代の京都の学者について、（　　　）にあてはまる最も適当な語句を書きなさい。（1）〜（5）（2点×5問＝10点）

人物名	略歴
松永尺五（昌三）（1592〜1657）	松永貞徳の子で儒学者。春秋館や尺五堂のほか、東堀川二条に私塾（　1　）を開設した。門弟に「養生訓」を著した貝原益軒や、木下順庵などがいる。
伊藤仁斎（1627〜1705）	私塾を堀川の自邸に開き、公家から町人まで多数の門弟に教えた。その塾は（　2　）と呼ばれ、伊藤家が代々継承し、その跡地は国の史跡に指定されている。
（　3　）（1685〜1744）	現在の京都府亀岡市の出身で、石門心学の祖。享保14年（1729）に自邸で講義を始め、元文4年（1739）に代表的な著作『都鄙問答』を著した。門弟に手島堵庵などがいる。
皆川淇園（1734〜1807）	50歳前後で開物学という独自の学問を起こし、町人から大名まで多くの門弟を抱えた。詩文を能くし、書画にも優れ、有斐斎、呑海子と号した。文化3年（1806）に京都御所西の学問所（　4　）を設立した。
（　5　）（1787〜1854）	現在の京都府宮津市の出身で、西洋医学を修め、天保10年（1839）、医学校の順正書院を創立し、系統的な医学教育を行った。その建物は現在、料亭として使われている。

（1）解説

松永尺五が開いたのは**講習堂**、江戸時代初期の寛永14年（1637）のことである。京の儒学の祖といわれる藤原惺窩に学び、加賀藩の保護のもとで学問を深めた。京に帰り、まず西洞院通二条南に春秋堂を開設した。京に次々と誕生する儒学の私塾の最初といわれる。のちに開く尺五堂を含めて、学んだ門弟は5000人に上るとされる。このなかに『養生訓』を書いた貝原益軒や木下順庵もおり、尺五は京の儒学を主導する一方で教育者でもあった。尺五の講義を聞いて注目した京都所司代の板倉重宗は、講習堂建設に出資している。また、後水尾上皇は講習堂に宸筆を与えており、朝廷とのつながりも深めていた。

1 解答例　講習堂

（2）解説

伊藤仁斎が寛文２年（1662）に開いたのは**古義堂**である。自宅のあった場所で、東堀川通出水上ルの私塾跡と書庫は国の史跡に指定され、石碑が建っている。仁斎は10代で儒学に志を立て、やがて朱子学からの脱皮をはかる。『論語』や『孟子』を直接あたって熟読することを重んじた。ここから古学や古義学と呼ばれる。人道の究明に力を入れ、「仁義礼智」の四徳に達することが学問修養であると説いた。門弟は1000人近くいたとされるが、多くが上層町衆の子弟や公家出入りの高級医師、さらに他国の武士や町人らであったという。子に恵まれ、古義堂は明治期まで受け継がれた。

2 解答例　古義堂

(3) 解説

江戸時代中期の町人思想家・**石田梅岩**（いしだばいがん）である。京に出て、商家に奉公しながら勉学と思索に努め、請われては町人相手に講演していた。45歳となった享保14年（1729）に、現在の中京区車屋町通御池上ルの自邸で私塾を始める。跡地に令和元年（2019）、石碑が建てられた。梅岩は朱子学の用語を使いながら、勤勉・倹約・正直・孝行など道徳による自己規律を説き、心学として発展する。梅岩による『都鄙問答』（とひもんどう）は士農工商の社会的役割を踏まえ、そのうえで卑しいとされた商業活動や利潤追求に正当な価値があることを強く訴えた。近世に登場した重要な思想であり、近代以降も多くの経済人に影響を与えた。

3 解答例　石田梅岩

(4) 解説

皆川淇園（みながわきえん）が設立したのは**弘道館**である。京の儒家の名家だが、易学研究にも優れていた。字義に精通して音韻にも詳しく、独自の言語論によって「名」と「物」との関係を解釈する「開物学」を唱えたことで知られる。また詩文、書画もすばらしく多彩な才能を見せた。著作も易学から哲学、学問論、音声学、字書の入門書、経書注釈書など幅広い。易学を慕って入門する者も多く、門弟は3000人以上といわれる。晩年に中立売室町西入ルの私邸の隣に学問所として弘道館を建てた。平成21年（2009）に取り壊されそうになったが、研究者らが保存に立ち上がり、現在、有斐斎弘道館として文化活動に使われている。

4 解答例　弘道館

（5）解説

順正書院を創立したのは江戸時代後期の医師、**新宮涼庭**（しんぐうりょうてい）である。京都の蘭学全盛期を代表する一人といわれる。11歳で伯父から医学を習い始め、20代になって長崎で5年間、語学や西洋医学を研鑽、オランダ商館の医師から直接学ぶ経験をした。京に入り開業すると、西洋医学の権威として高い評価を受けた。涼庭の最大の功績は、南禅寺山門の西に私費を投じて建てた順正書院を中心とした医学教育にあるとされる。「八則」と名付けられた、生理学則や病理学則、外科学則、薬性学則など8学科を、系統的に教えた。一方で、多くの文人墨客が訪れ交友するサロンともなった。涼庭は財の運用に長け、天下国家を論じ実践する幕末期の代表的人物とも評されている。

5 解答例　新宮涼庭

7 全国に先駆けて発足した京都市内の番組小学校について、（　　）に入れる最も適当な語句を書きなさい。（1）～（5）（2点×5問＝10点）

小学校の運営費として番組内の各戸が出資したお金を、各家庭にある調理設備の名前にちなみ（　　）金という。

京都の番組小学校の運営費として、自治組織である番組内の各戸が出したお金のことを「竈金（かまどきん）」という。事実上の東京遷都で危機感を募らせた京都の町衆が、まちを元気にするには教育が大事と、子どもの有無と関係なく竈のある家はお金を出して、明治2年（1869）、日本最初の学区制の「番組小学校」64校を創設した。竈金は町衆のまちづくりにかける心意気を示す言葉として語り継がれている。

1 解答例　竈

香具商の熊谷直孝は、日本で初めての小学校である上京第（　　）番組小学校（のちの柳池校）の開設をはじめ、京都の近代化に尽くした。

番組小学校にちなむ香具商の熊谷直孝といえば、香や書画用品の老舗・鳩居堂の七代目当主で、明治2年（1869）、日本初の学区制小学校（現在の公立小学校）として開校した「上京**二十七**番組小学校」（後の柳池校）の開設に私財を投じて尽力した人物。教育事業にとどまらず、京都の近代化を積極的に推し進めた。幕末動乱期、岩倉具視らとも交流があり、倒幕運動に多大な資金援助や情報を提供するなど国事にも奔走した。

2 解答例　二十七

7 全国に先駆けて発足した京都市内の番組小学校について、（　　　）に入れる最も適当な語句を書きなさい。

問 3

京都の教育の歴史などを伝える京都市学校歴史博物館の建物は、元（　　　）小学校の校舎を利用しており、白川石を使った石塀や立派な正門が往時の景観を伝えている。

京都市学校歴史博物館は、明治２年（1869）、下京十一番組小学校として開校した元**開智**小学校の校舎を利用して、平成10年（1998）に開設された。同館は、番組小学校をはじめ京都の教育の伝統と町衆の情熱を後世に伝え、全国に発信するために、教科書や教材、教具、美術工芸品などを保存展示している。石塀や格式ある正門が往時の姿を物語る。

3 解答例　開智

昭和の初めに改築された元明倫小学校の建物を利用して、平成12年（2000）に開設された施設は（　　　）である。

元明倫小学校の建物を利用して平成12年（2000）に開設されたのは**京都芸術センター**で、京都市の芸術を総合的に振興するための拠点施設。同小学校は明治２年（1869）に開校した下京三番組小学校が前身で、昭和初めに改築された建物は、平成20年、西館・南館・北館・正門と塀が国の登録有形文化財に指定された。学区には祇園祭の山鉾町が多いことから、建物の正面は山鉾を模したといわれている。

4 解答例　京都芸術センター

7 全国に先駆けて発足した京都市内の番組小学校について、（　　　）に入れる最も適当な語句を書きなさい。

問5 番組小学校には火事の発見や時刻を知らせるために（　　　）があった。現在は元有済小学校校舎の屋上に唯一現存し、国の登録有形文化財になっている。

番組小学校に設置されていた火事や時刻を知らせるための施設は**太鼓望楼（火の見櫓・望火楼）**＝写真＝。唯一現存する元有済小学校の校舎屋上にある太鼓望楼は、国の登録有形文化財になっており、使用された太鼓や半鐘も同校に残っている。番組小学校は教育の場だけでなく、消防署や集会所、

役所などの役割を兼ねた地域のコミュニティセンターの役割も持っていたとされ、住民が集会を開いて地域のさまざまな課題について話し合っていたという。

5 解答例　太鼓望楼(火の見櫓·望火楼)

8 明智光秀について150字以上200字以内の文章で書きなさい。（10点）

（「仕えた室町幕府の将軍」、「羽柴秀吉と勝敗を決した戦い」、「明智藪のある伏見区の地名」、「明智風呂と呼ばれる浴室がある寺院」「光秀を祀る福知山市の神社」の名称は必ず含むこと）

明智光秀は美濃国に生まれ、一族離散したのち越前国朝倉義景を頼る。そこで光秀は、後に仕えることとなる、室町幕府の将軍候補、第十五代**足利義昭**（1537～97）と出会うこととなる。この義昭を信長に紹介したのは光秀で、使者は細川藤孝であった。光秀は義昭と信長の両方に仕える身となったが、両者が対立すると織田家の重臣となった。信長の命令で娘の玉（ガラシャ）を細川忠興に嫁がせている。

しかし天正10年（1582）6月、光秀は突如として本能寺にいた信長を討つ。細川親子に与力を頼むも断られ、中国大返しで戻った羽柴秀吉と勝敗を決した、**山崎の戦い**で敗れた光秀は、勝龍寺城へ入る。その後、滋賀の坂本城を目指して落ちのびる途中、飯田一党の襲撃を受けて討たれた。光秀最期の地は**小栗栖**にある「明智藪」と呼ばれる鬱蒼とした竹や雑木林で、石碑が建てられている。

明智光秀の叔父である塔頭・大嶺院の密宗和尚が、光秀の菩提を弔うために創建されたといわれるのは**妙心寺**。明智風呂と呼ばれる浴室がある。光秀は、領地では善政を行ったといわれ、福知山市には光秀を祀る**御霊神社**がある。創建は宝永2年（1705）。宇賀御霊大神（うかのみたまのおおかみ）を祀る稲荷社に常照寺で祀られていた光秀が合祀された。福知山城主の朽木氏が、当地で善政をしいていた光秀の合祀を許したことに始まる。10月に例大祭が開催される。光秀関係文書も残る。

【解答例】

明智光秀は室町幕府最後の将軍となった足利義昭を信長に面会させ、義昭と信長に仕えながら天下統一へと邁進した。しかし本能寺にて信長を討つと、同じ信長家臣の羽柴秀吉と山崎の戦いに臨み、敗れて坂本城へ敗走する途中に小栗栖にて落ち武者狩りによって致命傷を負い、自刃したという。光秀亡き後、妙心寺の密宗は光秀が寄進したお金で明智風呂を建立し、かつて光秀が統治した福知山では光秀を祀った御霊神社も創建された。

3級

2級

1級

9 知恩院について150字以上200字以内の文章で書きなさい。(10点)

(「国宝に指定される宗祖の絵巻」「現在の御影堂を建てた将軍」「山内で最も古い建物」「七不思議に数えられる黒門前にある石」「山内にある縁結びの神」の名称は必ず含むこと)

知恩院は、承安(じょうあん)5年(1175)、法然上人が東山吉水に建てた草庵を始まりとする。文暦(ぶんりゃく)元年(1234)に上人の廟堂を門弟の源智が復興、大谷寺として構えを整え、天正(てんしょう)3年(1575)に正親町(おおぎまち)天皇の綸旨(りんじ)を得て浄土宗総本山となった。

境内の伽藍を見ていくと、上人の御尊像(御影)を納める御影堂(みえいどう)(大殿・国宝)は寛永(かんえい)16年(1639)、三代将軍**徳川家光**によって再建された。現存の二重門で最大級とされる三門(国宝)は二代将軍・秀忠の手で元和(げんな)7年(1621)に造立。延宝(えんぽう)6年(1678)建立の大鐘楼(重文)は重さ約70トンの大鐘を吊る。**勢至堂(せいしどう)**(旧御影堂・重文)は、造営時期は中世までさかのぼる山内でもっとも古い建築。ほかにも経蔵・唐門・大小方丈・大小庫裏(いずれも重文)など貴重な建造物がそろう。

所蔵品のなかで名高い、上人の伝記や弟子の事績を記した「**法然上人絵伝(ほうねんしょうにんえでん)**」(国宝)は、能書家の伏見天皇らの詞書(ことばがき)を添え、10年余をかけて制作された。

歩くとウグイスの鳴き声のような音がする「鶯張(うぐいすば)りの廊下」など、参拝者の目や耳を楽しませるのが「知恩院の七不思議」。黒門前にある「**瓜生石(うりゅうせき)**」は知恩院造営前からそこにあるそうで、二条城に続く抜け道の出入り口などといわれてきた。

また、山内には御影堂ができて住処を追われたキツネが三十二世雄誉霊巌(れいがん)上人に用意してもらった祠(ほこら)「**濡髪大明神(ぬれがみだいみょうじん)**」があり、縁結びに霊験あらたかと参拝者の人気を集めている。

【解答例】

知恩院は法然上人が念仏道場とした場所に源智が創建した寺院で、山内で最も古い建物である勢至堂あたりが発祥とされる。江戸時代に徳川家の帰依を受けたことから、御影堂は徳川家光によって再建され、家光の姉である千姫の墓がある墓地には縁結びの信仰を集める濡髪大明神があり、知恩院の七不思議に数えられる瓜生石は、地下で二条城へ繋がっているという伝説もある。その他、国宝の掛け軸として法然上人絵伝を所有する。

3級
2級
1級

10 京都国立博物館について150字以上200字以内の文章で書きなさい。(10点)

(「所蔵する雪舟筆の国宝の絵画」「今年(2019)、国宝となった五智如来坐像を寄託している寺院」「明治古都館の建築設計者」「庭園内にある銅像『考える人』の作者」「同館のPR大使を務めるマスコットキャラクターの愛称」の名称は必ず含むこと)

京都国立博物館は明治30年(1897)に開館。当初の名称は帝国京都博物館だった。明治時代初期の急激な欧化主義や神仏分離令に伴う廃仏毀釈などで破損や散逸の危機にさらされていた文化財の保護が主要な目的だった。今は明治古都館の名前で呼ばれる赤煉瓦造りの本館は赤坂離宮の設計で知られる宮廷建築家・**片山東熊**(とうくま)(1854～1917)の設計。歴史を刻んだ重厚な風格と威容の建物はフレンチ・ルネサンス様式を取り入れた明治時代初期の貴重な洋風建築として敷地西側の正門などとともに重文に指定されている。文化財保護の役割が理解されるとともに京都の社寺などからの寄託品が増えて総収蔵品の約半数にのぼる。平成31年(2019)に国宝となった山科の**安祥寺**の「五智如来坐像」など国宝、重文指定の優品も多い。寄託品のなかでもっともよく知られる俵屋宗達筆「風神雷神図屏風」や「源頼朝像・平重盛像」などは、室町時代の水墨画の巨星、雪舟の晩年の傑作「**天橋立図**」などともに同館の収蔵品のなかでも屈指の名品。平成26年にオープンした平成知新館は開放感のある瀟洒な建築で、現在は平常展示と特別展を開催。新旧の建築が建つ敷地には、広々とした野外展示の4つのエリアがあり、噴水池の傍らには**ロダン**の名作「考える人」の像がある。尾形光琳の「竹虎図」のトラの絵をもとにつくられた公式キャラクターの**トラりん**は、さまざまな美術品や貴重な文化財の保護とともに後世につなぐ役割と鑑賞者との美の架け橋となってきた京都国立博物館の、120年余の歴史と活動のPR大使として活躍している。

【解答例】

京都国立博物館は、片山東熊によって設計された明治古都館が重要文化財の指定を受け、2014年には平成知新館もオープンした。所蔵作品の代表的一つとして、雪舟筆の国宝『天橋立図』が挙げられ、寄託されている作品も今年国宝指定された安祥寺の五智如来坐像など多岐に渡る。庭園にはロダン作の『考える人』の銅像が中心に据えられてひときわ目を引き、マスコットキャラクターであるトラりんがPR大使を務めて活躍している。

3級
2級
1級

―― メ　モ ――

── メ　モ ──

問題・解答
用語索引

第16回３級・２級・１級の問題および解答中に出てくる用語を収録しています。

あ行

か行

か行

た行

な行

は行

ま行

や行

ら行

わ行

参考文献

『遊びをせんとや』『以外と知らない京都』
『イラスト京都御所』『御土居堀ものがたり』
『折々の京ことば』『桂離宮・修学院離宮』
『京 天と地と人』『京都御所 大宮・仙洞御所』
『京都ことこと観音巡り―洛陽三十三所観音巡礼』
『京都伝説散歩』『京都の映画80年の歩み』
『京都の地名を歩く』『京都の歴史　1～4』
『京都ひろいよみ 京都新聞ダイジェスト vol.1～5』
『京都ふしぎ民俗史』『京都ふしぎ民俗史』
『京都　学び舎の建築史』『京のご利益さん』
『京の伝承を歩く』
『京の学塾　山本読書室の世界』『京の門』
『京を発掘！出土品からみた歴史』
『古代地名を歩く～京都・滋賀～Ⅱ』
『西国三十三所　草創1300年記念』
『西国四十九薬師霊場』
『史跡探訪　京の七口』『新・都の魁』
『千年の息吹き　上・中・下』
『僧医外来へようこそ』
『続・京のご利益さん』
『日本人の忘れもの　知恵会議』
『能百番を歩く　上・下』『美術家の墓標』
『福ねこ　お豆のなるほど京暮らし』
『平安京年代記』『掘り出された京都』
『歴史散歩　京に燃えた女』
『技と美の庭京都・滋賀　植治次期十二代小川勝章と巡る』
(京都新聞出版センター)

『岩波日本庭園辞典』
『建築と権力のダイナミズム』
『今昔物語集　本朝部　上』
『日本歴史12―近世4』『平家物語』(岩波書店)

『京都の歴史―5 近世の展開』
『京都の歴史―6 伝統の定着』
『京都の歴史―8 古都の近代』(學藝書林)

『天皇の本―日本の霊的根源と封印の秘史を探る』
(学研プラス)

『京都故事物語』『京都・伝説散歩』
『暮らしのなかの妖怪たち』(河出書房新社)

『特別展覧会　開館110年記念「美のかけはし―名品が語る京博の歴史」』
(京都国立博物館)

『歴史散策マップ刊行記念　岡崎白川を歩く』
(京都市埋蔵文化研究所)

『～文化財と遺跡を歩く～京都歴史散策マップ　御所東』
(京都市・財団法人京都市埋蔵文化研究所)

『京都市三大事業』(京都市)

『葵祭(賀茂祭)』(京都書院)

『Consultant 223号　特集・京都～古都の美とまちづくり～』
(建設コンサルタンツ協会)

『新訂　官職要解』『有職故実(上)』(講談社)

『日本史小百科19庭園』(近藤出版)

『コンサイス日本人名事典』第4版(三省堂)

『幸野楳嶺とその流派』(滋賀県立近代美術館)

『建築大辞典』(彰国社)

『京・まちづくり史』『庭園史をあるく』
『風景をつくる』(昭和堂)

『昭和京都名所図会　1洛東―上』

『昭和京都名所図会　3洛北』(駸々堂出版)

『新潮世界美術辞典』(新潮社)

『月刊文化財』665号(第一法規出版)

『改訂版　京都・観光文化検定試験公式テキストブック』
『京の町家案内　暮らしと意匠の美』
『古寺巡礼　京都 10』『古寺巡礼　京都 25』
『茶庭のしくみ』『松尾大社　神秘と伝承』
(淡交社)

『維新史料綱要』(東京大学出版会)

『上方ことば語源辞典』『京都語辞典』
『京都地名語源辞典』(東京堂出版)

『社寺建築の歴史図典』
『すぐわかる日本庭園の見かた』(東京美術)

『新東寶記』(真言宗総本山東寺)

『京都奇才物語』
『京都人が書いた「京都」の本』
『京都の「ご利益」徹底ガイド』
『京都「魔界」巡礼』(PHP研究所)

『京都市の地名』(平凡社)

『京都　地名の由来を歩く』(ベストセラーズ)

『完訳　源平盛衰記　1』
『京都の地名　検証 2』(勉誠出版)

『名勝滴翠園記念物保存修理事業報告書』(本願寺)

『京都の洋館』『京の古道を歩く』

『京町家の魅力　京町家入門編』
(光村推古書院)

『七代目小川治兵衛』(ミネルヴァ書房)

『六道の辻あたりの伝説を訪ねて』(室町書房)

『日本史広辞典』(山川出版)

『平家物語』(有朋堂書店)

『京都と京街道』『国史大辞典』(吉川弘文館)

『京都通り名ものがたり』
(洛東タクシーグループ古都研究会)

『京都坊目誌　4』『新修京都叢書』(臨川書店)

ほか、古典資料、論文、各社寺・施設の公式ホームページ、駒札など

解説執筆

池坊中央研究所

文筆家	井上 由理子
フリーライター	岩澤 亜希
美術評論家・美術史家	太田垣 實
歴史作家・京都ジャーナリズム歴史文化研究所代表	丘 眞奈美
プロネット京都代表	清原 邦雄
京都雑学エッセイスト	黒田 正子
宇治市歴史資料館前館長	坂本 博司
京都新聞論説委員	十倉 良一
歴史地理史学者	中村 武生
奈良女子大学大和・紀伊半島学研究所古代学・聖地学研究センター協力研究員	前川 佳代
元京都新聞論説委員	三谷 茂
フリーライター	村岡 真千子
京都芸術大学非常勤講師	町田 香
元京都新聞編集委員	萬谷 彰三
同志社女子大学現代社会学部教授	山田 邦和
元京都新聞編集委員	山本 啓世

史実調査	井原 悠造、佐々木 教雄、古田 紀子、丸毛 静雄
校閲	山村 純也（株式会社らくたび）
イラスト	小田 昰子
装丁	株式会社チキ・スクリプト
編集協力	有限会社サンコー出版、清塚 あきこ
写真協力	葵祭実行委員会、県神社、今宮神社、引接寺、植彌加藤造園、宇治上神社、宇治市源氏物語ミュージアム、表千家不審菴、上賀茂神社、北野天満宮、京都友禅翁顕彰会、京のふるさと産品協会、京友禅協同組合、清水寺、宮内庁京都事務所、鞍馬寺、京阪電気鉄道、広隆寺、五建外郎屋、寺町 阿弥陀寺、天龍寺、東寺、光プロダクション、伏見稲荷大社、平安神宮、松尾大社、南座、武者小路千家官休庵、村田製作所、無鄰菴、八幡市教育委員会
協力	京都商工会議所

第16回 京都検定　問題と解説

発行日　2020年7月31日　初版発行
編　者　京都新聞出版センター
発行者　前畑　知之
発行所　京都新聞出版センター
〒604-8578　京都市中京区烏丸通夷川上ル
TEL. 075-241-6192　FAX. 075-222-1956
http://www.kyoto-pd.co.jp/
印刷・製本　（株）図書印刷同朋舎

ISBN978-4-7638-0733-5 C0026 ¥1400E